DAS LEBEN NACH DEN BESTEN JAHREN

CPI
Mehr Bäume. Weniger CO_2.
www.cpi-print.de/umwelt

FSC
www.fsc.org
MIX
Papier | Fördert gute Waldnutzung
FSC® C083411

Mario Basler, Markus Babbel:
Das Leben nach den besten Jahren

www.edition-a.at

Cover: Bastian Welzer
Satz: Anna-Mariya Rakhmankina
Fotos: Valerie Voithofer

Gesetzt in der Premiera
Gedruckt in Deutschland

1 2 3 4 5 — 28 27 26 25

ISBN: 978-3-99001-798-2

MARIO BASLER
MARKUS BABBEL

Das Leben nach den besten Jahren

edition a

INHALT

Kapitel 1

Was zum Teufel soll ich jetzt tun?

Was waren unsere besten Jahre? Die meisten Menschen meinen, für uns beide waren das die Jahre unserer aktiven Fußballerkarriere. Als wir die deutsche Meisterschaft gewannen, den Cup holten, Europameister wurden und mit Bayern München im Champions-League-Finale standen.

Das liegt nahe. Immerhin schauten uns damals Millionen von Menschen auf die Füße. Sie riefen unsere Namen (nicht immer auf nette Weise) und jubelten uns zu. Wir feierten Tore und Siege, waren jung und im Vollbesitz unserer körperlichen Kräfte. Klingt nach einer richtig tollen Zeit, oder?

Gemeinhin verstehen wir unter unseren »besten Jahren« die Zeit mit den größten Erfolgen und den prägendsten Erfahrungen, aber auch die, in der wir gesund und vital waren. Viele würden wohl »jung« dieser Aufzählung hinzufügen, weil sie ihre besten Jahre in ihrer Schul- oder Studentenzeit verorten, irgendwann zwischen dem zwanzigsten und dem dreißigsten Lebensjahr, in ihrer goldenen Jugend.

In unseren besten Jahren verlieben wir uns, heiraten, gründen Familien. Wir finden unseren Traumjob oder

bauen ein Unternehmen auf, entwickeln Ideen und setzen uns gegen Konkurrenten durch. Wir bereisen die Welt, lernen aufregende Menschen kennen und überbieten ständig unsere eigenen Bestleistungen. Doch egal wie unsere besten Jahre aussehen, eines haben sie gemeinsam: So unverwundbar wir uns in dieser Zeit fühlen, so zeitlos sie uns erscheinen, sie gehen irgendwann zu Ende.

Unsere »besten Jahre« liegen nun schon rund zwanzig Jahre zurück. Die Umstellung für uns war wie für alle Fußballer, deren Karriere endet, groß. Von einem Tag auf den anderen wird die Welt leiser. Die Freude auf das nächste Spiel, auf den nächsten Gegner ist weg. Da ist kein nächstes Spiel, kein nächster Gegner. Da sind keine Trainingseinheiten mehr, die das Leben strukturieren. Selbst die Gelegenheiten, mit den Kollegen nach harten Tagen ein Bier zu trinken, gibt es so nicht mehr (was einem von uns beiden mehr wehtat als dem anderen).

Ein Fußballer muss sich nie fragen, was als Nächstes kommt. Er weiß es. Er kennt seinen Spielplan. Einen Ex-Fußballer trifft diese Frage umso härter. Es ist die einzige, die nun zählt.

Was jetzt?

Im Grunde stellt sich diese Frage allen Menschen an einem bestimmten Punkt ihres Lebens. Deshalb haben wir dieses Buch geschrieben. Vielen stellt sie sich wie uns, nachdem sie ihren Beruf aufgeben mussten. Manchen nach dem Ende einer langen Beziehung. Anderen nach einer Erkrankung oder einer Verletzung. Egal ob Topmanager oder Krankenschwester, Postbeamter oder

Rechtsanwältin, ob jünger oder älter, jeder fürchtet irgendwann, die besten Jahre seien vorüber. Aber wie soll der Rest des Lebens gelingen, wenn nichts, was kommt, so gut werden kann wie das, was war?

Wir werden in diesem Buch »die besten Jahre« manchmal in Anführungszeichen setzen, denn vermutlich sind deine besten gar nicht die Jahre, die du dafür hältst. Du wirst sehen, wie jedes deiner Jahre seinen wichtigen und einzigartigen Platz in deinem Leben hat und dass die besten Jahre immer die sind, die du gerade erlebst.

Deine scheinbar »besten Jahre« haben sich dir vielleicht überhaupt erst zu erkennen gegeben, nachdem sie vorbei waren. Da hast du dir vielleicht die Frage gestellt, ob du sie richtig genutzt hast, weil du dich damals so gut auch wieder nicht gefühlt hast. Jedenfalls nicht ständig. Umso schlimmer, wenn es das jetzt war, mit der wirklich guten Zeit.

Wir wollen dir mit diesem Buch und den Geschichten, die wir darin erzählen, einen anderen Umgang mit den »besten Jahren« und damit auch mit deiner Gegenwart und deiner Zukunft empfehlen. Einen, der es dir ermöglicht, den Wert des Moments zu erkennen und die Chancen, die du immer hast. Zu jedem Zeitpunkt. Verlässlich. Wenn du die richtigen Schlüsse aus deinen vermeintlich besten Jahren ziehst, lautet unser Versprechen, werden die Jahre danach noch besser, und du wirst noch zufriedener sein.

Bevor wir richtig anfangen, werfen wir einen Blick auf die Momente unserer Leben, als »die besten Jahre«

vorüber zu sein schienen. Wir alle haben solche Momente. Wir alle gehen anders damit um. Aber für die meisten von uns beginnen sie mit dem gleichen, beängstigenden Gedanken: Was zum Teufel soll ich jetzt nur tun?

Markus
VERLOREN IN DER HEIMAT

Im Jahr 2004 kam ich aus England nach Deutschland zurück. In Liverpool hatte ich mir einen lang gehegten Traum erfüllt und vor den englischen Fans, im Geburtsland des Fußballs, bei einem der größten Vereine der Welt gespielt. Ich hatte den UEFA-Cup gewonnen, den zweitwichtigsten europäischen Wettbewerb, und den englischen Pokal. Nach diesem ersten Jahr, das wie im Traum verging, befiel mich eine schwere Nervenkrankheit. Ein Jahr setzte sie mich außer Gefecht, und es war nicht sicher, ob ich je wieder würde Fußball spielen können. Als ich endlich wieder ins Training einsteigen konnte, spürte ich, mein Leben würde nicht mehr sein wie zuvor. Etwas hatte sich unwiederbringlich verändert. Auf diese Geschichte werde ich später noch näher eingehen. Nur so viel: Ich spürte, ich musste runter von der Insel. Wenn ich es als Fußballer noch einmal probieren wollte, dann musste ich zurück nach Deutschland, zurück in die Heimat. Das Angebot des VfB Stuttgart kam gerade recht.

Als ich in Stuttgart ankam, hatte ich mir viel vorgenommen. Ich wollte es allen, vor allem mir selbst, noch einmal so richtig zeigen. Ich war bereit, härter zu trainieren als jemals zuvor. In der Vorbereitung schonte ich mich nicht. Waldläufe, Einheiten in der Kraftkammer, Zusatzschichten auf dem Platz. Ich gewann meine alte Disziplin zurück, die in England gelitten hatte. Ein einziges Ziel trieb mich an: Allen zu zeigen, was noch in mir steckte. Wir hatten ein Team voller junger, hungriger Spieler, und ich wollte mit meiner Erfahrung ein Leitspieler werden. Alles war angerichtet für das große Comeback.

Die ersten zwei Jahre beim VfB waren ein ständiges Auf und Ab. Jede Saison wechselte der Trainer. Manchmal stand ich in der Startaufstellung, nur um eine Woche später auf der Bank Platz zu nehmen. In meinem zweiten Jahr versicherte mir mein Trainer, der legendäre Giovanni Trapattoni, der mich bereits von seiner Zeit bei den Bayern kannte, er würde mich noch einmal zum Nationalspieler machen. Kurz darauf nahm er mich aus dem Kader. Es war schwer, mit der Situation umzugehen.

In der Vorbereitung auf meine dritte Saison sollte alles anders werden. Horst Heldt, der zuvor gemeinsam mit mir gespielt hatte, war Sportdirektor in Stuttgart geworden. Wir hatten einen guten Draht zueinander. Der damals relativ unbekannte Armin Veh übernahm den Trainerposten.

In den Wochen vor Saisonbeginn warf ich noch einmal alles hinein, was ich hatte. Alle meine Jahre als Fußballer sollten in dieser Vorbereitung, in dieser Saison

kulminieren und ihren Höhepunkt finden. Offenbar gelang mir das. Kurz vor dem ersten Match nannte Coach Veh die beiden Gewinner der Vorbereitung: Serdar Tasci und mich. Wir spielten beide auf derselben Position. Tasci war 19 Jahre jung, ich war 34 Jahre alt. Das hätte mir Zeichen genug sein sollen, dass mein Platz nun ein anderer war.

Doch als altes Eisen sah ich mich noch lange nicht. Was auch das erste Spiel gegen den 1. FC Nürnberg zeigte. Ich stand nicht nur in der Startelf, ich führte das Team sogar als Kapitän auf das Feld. Meine Freude währte allerdings nur kurz. In der 37. Minute zirkelte der Nürnberger Banović einen Freistoß in unseren Sechzehner, Róbert Vittek löste sich von seinem Gegenspieler und köpfte zum 0:1 ein.

Kurz vor der Pause der nächste Rückschlag: Der dribbelstarke Vittek setzte sich auf rechts durch, flankte in den Strafraum, und diesmal kam Banović mit dem Kopf an den Ball. Er legte ab, Schroth segelte flach über den Rasen und nickte zum 0:2 ein.

Es war kein gutes Spiel, uninspiriert, unkreativ, ideenlos. Auch nach dem Wiederanpfiff versuchten wir eher, ein weiteres Tor zu verhindern, als selbst eine Chance zu kreieren. Mario Gómez, unser Torjäger, blieb blass und musste nach einer Stunde vom Platz. Kurz vor dem Ende dann der Todesstoß: Vittek eroberte den Ball in unserer Hälfte, schickte Saenko auf die Reise, Doppelpass mit Banović und ein kaltschnäuziger Abschluss ins rechte Eck. 0:3. Das war's.

Scheiße gelaufen, dachte ich, als wir alle ziemlich verärgert und frustriert in die Kabine stapften. Egal, Mund abwischen, das nächste Spiel kam bald. Ich wusste, wie ich mit einer Niederlage umzugehen hatte.

Am nächsten Tag rief mich Armin Veh vor dem Training in sein Büro. Wollte er mit mir über Taktik sprechen? Fehler durchgehen, die wir gemacht hatten? Darüber nachdenken, wie wir das Team wieder aufrichten konnten? Immerhin sah ich mich als Führungsspieler der jungen Mannschaft.

Doch Veh stellte mir keine Frage, vielmehr stellte er mich vor vollendete Tatsachen. Seine Lippen waren noch dünner als sonst, ein einziger Strich in dem strengen Gesicht. »Markus«, sagte er, »es reicht nicht mehr. Es gibt jetzt zwei Möglichkeiten. Entweder ich schmeiße dich raus. Oder du hilfst mir in einer anderen Rolle dabei, diese Saison zu einer besonderen zu machen.«

Mit allem hatte ich gerechnet, nur damit nicht. Im ersten Moment dachte ich, mich verhört zu haben. Dann realisierte ich langsam, was Veh gesagt hatte. Aus. Vorbei. Er wollte mich nicht mehr in der Mannschaft haben. Er hielt mich, der ich deutscher Meister, Europameister, UEFA-Cup-Sieger geworden war, nicht mehr für gut genug. Zu alt. Zu langsam. Weiß der Teufel was.

Im ersten Moment waren da Enttäuschung, Wut, Frust. Nur meine Disziplin und meine angeborene Zurückhaltung ließen mich die Fassung bewahren. Trotz all der Emotionen schätzte ich die Direktheit meines Trainers. Also blieb ich ruhig. Und bat um Bedenkzeit.

An diesem Tag fuhr ich gleich nach dem Training heim. Noch erzählte ich niemandem von diesem Gespräch. Nicht meiner Frau, nicht meinen Freunden. Das war etwas, was ich mit mir selbst ausmachen musste. Was dabei herauskommen würde? Keine Ahnung.

Das Gespräch legte einen Schatten über alles. Die nächtliche Dunkelheit wirkte bedrohlicher als sonst. Ob morgen überhaupt wieder die Sonne aufgehen würde? Das Abendessen schlang ich noch wortkarger als gewöhnlich hinunter. Ich blieb an diesem Abend noch einige Zeit länger wach, lag vor dem Fernseher, konnte mich aber nicht konzentrieren. Die Bilder flimmerten bedeutungslos an mir vorbei. Ich kehrte immer wieder in Vehs Büro zurück, zu seinen Knopfaugen, in denen kein Mitgefühl zu erkennen war.

Als ich endlich den Fernseher ausmachte und nach oben ins Schlafzimmer ging, schlüpfte ich nicht gleich unter die Decke. Zunächst ging ich ins Badezimmer. Leise schloss ich die Tür und knipste das Licht an. Dann stellte ich mich vor den Spiegel und sah mich an. Lange und eindringlich.

Was konnte ich sehen? Dreitagebart. Aufmerksame braune Augen. Einen müden Blick. Müde von den vielen Mühen, nicht nur in dieser Saison, sondern in all den kräftezehrenden Jahren, in denen ich mich bemüht hatte, immer besser zu werden. In denen ich immer um meinen Platz zu kämpfen hatte. Nie zufrieden sein durfte. Hatte sich diese Anstrengung endlich in die Winkel meines Gesichts gesetzt? Wer war es, der mir da aus dem

Spiegel entgegenblickte? Es war nicht einfach, darauf eine Antwort zu finden.

Was sollte ich jetzt tun?

Mario
DER GERUCH VON NIEDERLAGE

Ein Ende kann verdammt lang dauern. So wie meins beim FC Bayern München. Im Mai 1999 war ich auf dem Höhepunkt meiner Karriere angekommen. Mit den Bayern wurden wir souverän deutscher Meister. In der Champions League sicherte ich uns im Halbfinale mit einer bärenstarken Leistung das Weiterkommen gegen Dynamo Kiew. Und im Finale gegen Manchester United gelang mir in Minute 6 per Freistoß der Führungstreffer.

Selbst als wir in diesem denkwürdigen Spiel durch Gegentreffer in Minute 91 und 93 noch als Verlierer vom Platz gingen, währte der Frust nur kurz. Wir alle wussten, was für eine überragende Saison wir gespielt hatten. Auch im Finale gegen Manchester waren wir die bessere Mannschaft gewesen. Wir hatten uns nichts vorzuwerfen. Statt Resignation herrschte eine »Jetzt erst recht«-Mentalität. Wir alle wussten, in der nächsten Saison konnten wir ganz nach oben kommen. Wir hatten das Zeug dazu.

Doch im folgenden Sommer verflog dieses Hochgefühl rasch. Ich ging in mein letztes Jahr als Bayern-

Spieler. Sollte ich verlängern, wollte ich das zu meinen Konditionen tun. Ich hatte mir in den vergangenen Saisonen eine Position als Leistungsträger erarbeitet und mit wichtigen Toren maßgeblich zu den Erfolgen des Teams beigetragen. Ich war davon überzeugt, eine solche Wertschätzung verdient zu haben.

Doch die Bayern-Bosse rund um Uli Hoeneß sahen das wohl anders. Zu oft berichteten die Zeitungen über meine nächtlichen Ausflüge. Und dann besaß ich auch noch die Frechheit, nicht das erstbeste Angebot der Bayern anzunehmen, sondern nach einem besseren zu verlangen. Die ersten Spiele der neuen Saison sah ich von der Bank aus. Mehr als ein paar mickrige symbolische Minuten stand ich nicht auf dem Platz. Ausgerechnet bei einem Benefizspiel Anfang September riss ich mir dann auch noch die Patellasehne im linken Knie. Ausfallzeit mindestens zwei Monate.

Die Dinge entwickelten sich nicht so, wie ich es mir erhofft hatte. Vermutlich ging es den Verantwortlichen des FC Bayern nicht anders. Wir alle waren mit großen Erwartungen ins neue Jahr gestartet, und nun schleppte ich mich ins Reha-Training, während meine Kollegen den Ball hochhalten konnten. Eine beschissene Situation. Das Verhältnis spannte sich an. Eine Nacht reichte, um es unwiederbringlich zu zerreißen.

Gemeinsam mit unserem Ersatztormann Sven Scheuer war ich nach der Reha in die Trattoria da Fernando gefahren, wo ein Freund Geburtstag feierte. Wir blieben länger als beabsichtigt, es war ein toller Abend. Bis wir uns um

halb eins verabschieden wollten. Da kam ein angetrunkener Typ daher, der uns schon den ganzen Abend lang unangenehm aufgefallen war. »Scheiß-Bayern« und Schlimmeres ließ er gegen uns los.

Ich versuchte ihm klarzumachen, dass wir uns in einer geschlossenen Gesellschaft befanden und er nicht erwünscht war. Doch das schien ihn nicht zu beeindrucken. Er ließ nicht locker mit seinen Provokationen. Bis Sven mit ihm auf den Parkplatz ging und ihm dort eine scheuerte. Dann war Ruhe, und wir fuhren nach Hause.

Doch die Ruhe war bald vorüber. Die Geschichte landete in der Zeitung. Uli Hoeneß war stinksauer. Sven und ich mussten vor versammelter Menge antanzen, die großen Kaliber hatten uns was zu sagen, neben Uli auch Kalle Rummenigge, Karl Hopfner und der Kaiser höchstselbst, Franz Beckenbauer.

Im Hotel Limmerhof in Taufkirchen standen wir wie zwei Schulbuben vor den Bossen und ließen uns von Hoeneß anschreien. Er glaubte mir nicht, als ich angab, bloß als unbeteiligter Zuseher dabei gewesen zu sein. Ich weiß nicht, ob er mich zu dieser Zeit einfach loswerden wollte oder durch das mediale Bild tatsächlich so eine schlechte Meinung von mir hatte. Jedenfalls war er überzeugt, ich wäre an dem ganzen Dilemma schuld. Wir kamen mit einer saftigen Geldstrafe und einer Ermahnung davon. Doch an diesem Abend war mir klar, dass etwas zerbrochen war. Meine Zeit beim FC Bayern München war vorüber. Als ich meinen Manager, Roger Wittmann, anrief, um ihm das mitzu-

teilen, wollte er es nicht glauben. Aber ich wusste, was kommen würde.

Am 16. Oktober, ich war noch immer verletzt, spielten die Bayern im großen Olympiastadion gegen die Hertha aus Berlin. Vor dem Spiel war mehr über mich geschrieben worden als über die zweiundzwanzig Kicker, die tatsächlich auf dem Platz stehen würden. Die Bayern gewannen souverän mit 3:1. Der Brasilianer Paulo Sérgio, der mich auf dem rechten Flügel ersetzte, steuerte zwei Tore bei. Doch das Ergebnis war nur Nebensache.

Nach dem Spiel ließ Uli Hoeneß Sven und mich in den Umkleideraum für Balljungen im Olympiastadion kommen. Die letzten Fans hatten noch nicht mal das Stadion verlassen. Es roch nach abgestandenem Schweiß und Niederlage. Das Licht von der Decke war milchig und zitterte, als hätten selbst die Glühbirnen Angst vor dem Münchner Oberboss. Hoeneß fackelte nicht lange. An diesem Ort erfuhr ich von meiner sofortigen Suspendierung. Dass Sven das gleiche Schicksal traf, war nur ein schwacher Trost.

Keine zwanzig Minuten später gab Franz Beckenbauer noch im Olympiastadion bekannt, was sich im Bauch des Stadions zugetragen hatte. Mario Basler war nicht mehr länger Spieler des FC Bayern München.

Als die Botschaft durch die Lautsprecher hallte, war ich schon nicht mehr vor Ort. Ich fuhr nach Hause. Vor wenigen Monaten war ich einer der besten Spieler Europas gewesen. Hatte im Finale des größten Fußballwettbewerbs ein Tor erzielt. Und nun stand ich ohne Verein da.

Tief in mir drin wusste ich wohl da schon, dass ich nie wieder auf dem Niveau spielen würde, das ich soeben verlassen hatte. Aber wo ich spielen würde, das wusste ich auch nicht. Auf dem ganzen Weg nach Hause begleitete mich eine Frage: Was jetzt?

***

Es sind diese Momente im Leben, die eine Schneise schlagen zwischen dem, was davor war, und dem, was danach kommt. Wir beide waren mit Enttäuschung und Ungewissheit konfrontiert. Statt noch einmal voll anzugreifen und es allen zu zeigen, standen wir vor einer Zukunft, die nicht das für uns versprach, was uns die Vergangenheit gegeben hatte. Wie weitermachen?

Darum soll es in diesem Buch gehen. Wir sind wie gesagt überzeugt, dass jeder Mensch in seinem Leben auf solche Momente trifft. Wie er ihnen begegnet, entscheidet, wer er sein und wie sein weiteres Leben verlaufen wird.

Nicht immer sind solche Momente so dramatisch wie im Leben eines Profisportlers, aber deshalb sind sie nicht weniger bedeutend. Wer mit ihnen richtig umzugehen weiß, macht aus jedem Jahr sein bestes. Und bleibt nicht in seinen »besten Jahren« stecken, die weit hinter ihm liegen und denen er bis an sein Lebensende nachtrauert.

Wie das gelingt, wollen wir in den folgenden Kapiteln zeigen. Unsere Karrieren waren voller wichtiger

Siege und noch wichtigerer Niederlagen. Die für uns prägendsten Episoden erzählen wir im Folgenden, denn sie haben uns wichtige Tugenden gelehrt, um allem, was das Leben noch für uns bereithält, positiv und neugierig zu begegnen. Und die Jahre nach den besten noch besser zu machen.

In Kapitel 2 geht es um die Europameisterschaft 1996, die für uns beide völlig unterschiedlich verlaufen ist, durch die wir aber beide eine wichtige Sache gelernt haben. Die besten Jahre sind voller großer Siege, doch deren Bedeutung wird erst viele Jahre später klar. Manchmal bergen Triumphe Gefahren, die uns erst bewusst werden, wenn es zu spät ist. Wie wir solchen Fallstricken entgehen, davon wollen wir berichten.

In Kapitel 3 erzählen wir von unserem ersten Jahr beim großen FC Bayern München, das wir gemeinsam erleben durften. In diesem Jahr konnten wir begreifen, wie wichtig es ist, sich einer Sache unterzuordnen, um Erfolg zu haben.

Das gilt für den Fußball genauso wie für alles andere, was wir anpacken. Das kann ein grundlegendes Umdenken erfordern, glauben wir doch gerade in unseren besten Jahren oft, nicht wir müssen uns einordnen, sondern die Welt hat sich nach uns zu ordnen.

In Kapitel 4 kehren wir an den Schauplatz unserer größten und wichtigsten Niederlage zurück: das Champions-League-Finale 1999 gegen Manchester United. Natürlich hätten wir das Spiel gerne gewonnen, aber wir hätten dann wohl kaum so viel daraus für unsere Leben

gelernt. Im Leben nach den besten Jahren werden die Niederlagen nicht häufiger, aber es kann uns schwerer fallen, sie zu verarbeiten und nach Rückschlägen den Optimismus zu bewahren. Genau das, den richtigen Umgang mit Niederlagen, haben wir an diesem schicksalhaften Abend begriffen.

Im fünften Kapitel gelangen wir zum Anfang vom Ende, also zu dem Zeitpunkt, ab dem das Ende einer Lebensphase langsam absehbar wird und wir es nicht mehr leugnen können. In einer solchen Phase merkst du, dass sich etwas verändert hat. Es ist nicht mehr so wie früher. Deine »besten Jahre« gehen zu Ende. Wie gehst du mit dieser Situation um? Wie gelingt es dir, ehrlich zu dir selbst zu sein und eine neue Rolle für dich zu finden?

In Kapitel 6 brechen wir ins Unbekannte auf. Es verschlägt uns an völlig unterschiedliche Orte, die uns viel abverlangen, uns aber auch viel über uns selbst und das Leben lehren. Vor allem, ständig offen zu bleiben für das, was da noch kommen kann.

Im siebenten Kapitel erzählen wir von unserer Gegenwart und von Talenten, von denen wir während unserer aktiven Zeit als Fußballer keine Ahnung hatten. Hätte uns jemand vor zwanzig Jahren vorausgesagt, was wir heute machen würden, wir hätten ihn ausgelacht. Und gleichzeitig kam alles völlig natürlich und fühlt sich heute selbstverständlich an. Das Leben nach den »besten Jahren« birgt die Möglichkeit, neue Seiten und Fähigkeiten an dir zu entdecken. Du kannst dich und

dein Leben neu kennenlernen. Es ist eine Gelegenheit, die jeder von uns nützen sollte.

Ganz egal, was du im Leben gemacht hast oder wo du jetzt stehst, wenn du denkst, deine besten Jahre liegen hinter dir, liegst du falsch. Es gibt einige Eigenschaften und Tugenden, die wir in unserer Karriere kennenlernen durften und die dir im Leben nach deinen »besten Jahren« hoffentlich helfen werden.

Welche das sind, erfährst du in den folgenden Kapiteln. Am Ende dieses Buchs wirst du gar nicht mehr darüber nachdenken, welche Jahre deine besten waren. Weil du jedes Jahr zu deinem besten machen wirst.

Kapitel 2

God save the deutsche Nationalmannschaft

Die besten Jahre verbinden wir mit unseren wichtigsten Siegen und Triumphen. Es spielt keine Rolle, ob das sportliche oder berufliche Erfolge sind, ob es sich um eine glückliche Beziehung handelt oder eine Zeit, in der wir uns besonders lebendig fühlten. Diese Siege und Triumphe liegen irgendwann hinter uns und lassen sich nicht mehr wiederholen. Schon sind sie vorbei, die besten Jahre.

Dabei ist es nicht ganz so einfach. Siege und Niederlagen entfalten ihre wahren Bedeutungen wie gesagt immer erst viel später. Jahre müssen vergehen, ehe sie uns ihre Lehren offenbaren. Klar, im Moment des Sieges schwimmst du auf einer Welle des Hochgefühls. Und wenn du verlierst, bist du erst mal frustriert. Aber später begreifst du, wie wichtig diese Niederlage war. Was sie dich über das Leben gelehrt hat. Und wie sie dich zu einem besseren Menschen gemacht hat.

Hingegen können Siege auch gefährlich sein. Manchmal können sie schlimmere Auswirkungen auf uns haben als Niederlagen. Dabei sind nicht bloß Siege im Fußball gemeint. Ein Sieg kann eine Beförderung sein, ein angenommener Heiratsantrag, eine Auszeichnung.

Die besten Jahre sind nicht unbedingt jene, in denen wir unsere größten Triumphe und Niederlagen erlebt haben. Allerdings wird unsere Fähigkeit, jedes Jahr zu unserem besten zu machen, von diesen Siegen und Niederlagen entscheidend geprägt.

Wie wir das meinen? Gehen wir zurück ins Jahr 1996. In diesem Jahr passierten einige Dinge. Der Industriellenerbe Jan Philipp Reemtsma fiel einer Entführung zum Opfer und erlangte erst nach 33 Tagen seine Freiheit wieder. Ein Unbekannter erschoss den Rapper Tupac Shakur in Las Vegas. Der Schachcomputer Deep Blue bezwang den Schachweltmeister Garry Kasparow und läutete damit ein neues Zeitalter ein. Außerdem flog Deutschland zur Europameisterschaft nach England, um sich den Titel zu holen. Mit dabei waren auch Markus Babbel und Mario Basler. Wir hatten noch keine Ahnung, wie entscheidend uns dieser Sommer prägen sollte. Als Fußballspieler und als Menschen.

Mario

THEATER DER ALBTRÄUME

England. Schlechtes Essen, wolkenverhangene Himmel, betongraue Städte. Aber immerhin war ich im Juni 1996 nicht zum Sightseeing gekommen, sondern um mit Deutschland Europameister zu werden. Ich rechnete mir gute Chancen aus, für die Nationalmannschaft

dort weiterzumachen, wo ich in der Bundesliga aufgehört hatte. Bei Bremen war ich 1995 Torschützenkönig der Liga geworden, nach dem Sommer stand der Wechsel zum großen FC Bayern an. Bei der WM vor zwei Jahren hatte ich bereits zum deutschen Kader gehört, bekam aber nur wenige Spielminuten. Nun hatte ich in der Qualifikation für dieses Turnier regelmäßig gespielt und Leistung gebracht. Ich hatte mich als Spieler weiterentwickelt, noch einmal einen Schritt nach vorne gemacht. Das wollte ich bei diesem Turnier beweisen.

Wir schlugen unsere Zelte in Manchester auf. Von der Industriestadt mit ihren Backsteinhäusern bekam ich aber nur wenig mit. Mich interessierte nur ein Gebäude, das historische Old Trafford, das »Theater der Träume«. In ihm würden wir am 9. Juni gegen Tschechien die Gruppenphase starten. Dieser altehrwürdige Koloss neigte sich leicht, wie ein Tier, das zum Sprung ansetzte. Das Teufelsrot von Manchester United, das die Sitze zierte, flackerte bis auf die Straße hinaus, als würde dort drin ein Feuer brennen. Für jeden Fußballer war das Old Trafford der Tempel, in dem er seine Tore als Opfer darbringen wollte.

Ich konnte den fein gemähten Rasen beinahe riechen. Ich war mir sicher, ich würde bei diesem Turnier zur ersten Elf gehören. Es gab keinen Weg um mich herum.

Keinen Weg um mich herum fand auch Christian Ziege drei Tage vor unserem Eröffnungsspiel. Im Training dribbelte ich an ihm vorbei, er schätzte meine Bewegung falsch ein und traf mit seiner Grätsche mich,

nicht den Ball. Mit schmerzverzerrtem Gesicht ging ich zu Boden. Die Welt um mich herum zog sich zusammen auf Brennen, Stechen und Pochen, das meinen Körper erfüllte. Langsam ebbte die erste Welle Schmerz ab, doch das Pochen wanderte aus meinem Kopf in den Fuß. Als ich an mir hinunterblickte, musste ich feststellen, dass mein rechter Knöchel auf die doppelte Größe angeschwollen war.

Sofort fuhr ich zu einem Spezialisten in Manchester. Der höfliche Doktor machte eine Röntgenaufnahme und eine Ultraschalluntersuchung, doch abschließend schüttelte er den Kopf. »Zu stark geschwollen«, meinte er. »Ich kann nicht sagen, was da genau los ist.«

Unser Teamarzt, der legendäre Dr. Hans-Wilhelm Müller-Wohlfahrt, der mich auch bei den Bayern betreute, ließ mich umgehend in seine Praxis nach München fliegen. Einen Tag nach dem Training unterzog ich mich in München einer Kernspintomografie und fuhr gleich danach nach Berlin, wo mir der Unfallchirurg Peter Hertel einen freien Gelenkkörper aus dem Knöchel entfernte. In diesen Tagen war ich nichts anderes als ein Körper, der von einem Ort an den nächsten gebracht wurde, um seiner wichtigsten Funktion nachzukommen: dem Fußballspielen.

Als ich nach England zurückkehrte, hatten wir die Auftaktpartie gegen Tschechien mit 2:0 gewonnen. Ohne mich. Doch das machte mich nur noch heißer auf Spielzeit. Bei einer EM liegen zwischen den Spielen zum Glück nur wenige Tage. Am 16. Juni würde das nächste

stattfinden, wieder im Old Trafford, diesmal gegen Russland. Ich biss die Zähne zusammen, absolvierte ein Aufbautraining, ließ mir gegen Schmerzen Spritzen geben. Ich war bereit.

In den Reihen der Russen ragte ein Spieler besonders hervor, der rechte Außenspieler Andrei Kanchelskis, der mehrere Jahre bei Manchester United unter Vertrag gewesen war und das Stadion bestens kannte. Um unseren Außenverteidiger Christian Ziege auf den flinken und dribbelstarken Russen vorzubereiten, ließ ihn Bundestrainer Berti Vogts im Training gegen mich antreten. Immer wieder lief ich mit dem Ball auf Christian zu. Es ging bissig und hitzig zu, wir beide wollten uns beweisen, aber stets fair. Das Training war fast vorbei, als kam, was im Nachhinein gesehen so kommen musste. Christian traf mich am rechten Knöchel. Eine Welle des Schmerzes schoss durch meinen Körper und setzte mein Hirn in Brand. Müller-Wohlfahrt war schnell mit einer Diagnose zur Hand. Kapsel und Knochenhaut links und rechts vom Spann des gerade erst operierten rechten Fußes waren stark überreizt.

Meine Diagnose lautete anders: Ein paar Spritzen gegen die Schmerzen und Zähne zusammenbeißen. Aber die Nacht im Hotelzimmer war kaum auszuhalten. Die Berührung mit der hauchdünnen Bettdecke genügte, um mich aufstöhnen zu lassen. Stunde um Stunde lag ich wach, die Dunkelheit fraß all meine Hoffnungen. So viel hatte ich mir vorgenommen. Ich wollte mir die Seele aus dem Leib rennen, jeden Zweikampf bis aufs Blut

führen und vor allem Tore schießen. Langsam drängte sich die Erkenntnis in mein Bewusstsein, dass es nicht sein sollte. Dass dieses Turnier, das den Höhepunkt meiner Karriere darstellen sollte, für mich zu Ende ging, noch ehe es begonnen hatte. Doch erst als der Tag anbrach, bekam ich Gewissheit.

Am nächsten Morgen untersuchte Müller-Wohlfahrt meinen Fuß erneut. Eine Woche Ruhe, noch eine Woche Aufbautraining, dann würde ich vielleicht wieder spielen können. Wenn wir dann überhaupt noch im Turnier waren. Und selbst dann war zweifelhaft, ob der Bundestrainer eine gut eingespielte Mannschaft auseinanderreißen würde.

Also verabschiedete ich mich und packte die Koffer. Ich wusste, dass ich es nicht aushalten würde, mit Krücken durch die Gegend zu laufen, während meine Kollegen sich auf dem Platz vorbereiteten. Damit würde ich niemandem etwas Gutes tun.

Zu Hause verfolgte ich den Rest des Turniers vor dem Fernseher. Ich sah, wie meine Kollegen im Viertelfinale Kroatien und im Halbfinale England ausschalteten. Im Finale trafen sie erneut auf Tschechien.

Knapp eine Stunde war gespielt. Die deutsche Abwehr verschätzte sich, Karel Poborský gelang der Durchbruch. Der Tscheche tankte sich mit dem Ball in den Strafraum, Sammer nahm die Verfolgung auf, wollte das Schlimmste verhindern, doch seine Grätsche kam zu spät. Der Tscheche fiel. Und Patrik Berger verwandelte den folgenden Elfmeter. 1:0 für Tschechien. Ich zitter-

te stärker, als ich das auf dem Spielfeld getan hätte. Am liebsten wäre ich in den Fernseher gesprungen, um auf der anderen Seite rauszukommen und die rechte Seite zu beackern.

Die Anspannung verkleinerte sich, als Oliver Bierhoff, der seine ersten Minuten in diesem Turnier absolvierte, in der 75. Minute nach einem Freistoß von Christian Ziege gut einlief und allein vor dem Tor zum Ausgleich einköpfte. In dem Moment wusste ich, wir würden dieses Ding gewinnen, selbst als es in die Nachspielzeit ging, wo das Golden Goal entscheiden würde.

In der 95. Minute kam ein hoher Ball aus der Innenverteidigung Richtung tschechischen Strafraum geflogen. Bierhoff verlängerte auf Klinsmann, der den Ball kontrollieren konnte und ihn wieder zurück auf Bierhoff schlug.

Der nahm sich der Kugel mit dem Rücken zum Tor an der Strafraumkante an, verschaffte sich mit einer kurzen Körpertäuschung Platz, drehte sich um und zog ab. Ein Tscheche fälschte den Ball ab, dem Tormann flutschte er durch die Finger, 2:1 für Deutschland. Aus, vorbei, grenzenloser Jubel. Was für ein Triumph! Was für ein Sieg! Wir waren Europameister.

Doch halt. Ein Gedanke nagte an mir. Ein hässliches Wort, als Frage formuliert, schwirrte in meinem Kopf herum und ließ mich nicht los. Wir?

Markus
EINE WACHSFIGUR WIRD EUROPAMEISTER

England. Das beste Bier, die großartige Musik, Fußball als Religion. Was konnte ein junger Fußballer wie ich mehr wollen? Mein erster Tag in England war allerdings alles andere als denkwürdig. Am Vorabend hatte die ganze Nationalmannschaft im Frankfurter Kempinski-Hotel übernachtet, um von dort nach London zu fliegen. Der große Thomas Häßler, Weltmeister 1990, war zu mir gekommen und hatte mir verschwörerisch zugeflüstert: »Markus, du hörst doch Rockmusik?«

Kurz darauf stand ich mit Schallplatten in den Händen in der Präsidentensuite von Icke, er hatte Marlboro und Weißbier mitgebracht. Wir hörten Musik, tranken, rauchten und hatten einen wunderbaren, unbeschwerten Abend. Bis ich mein Lehrgeld zahlen sollte. Icke war nicht nur auf dem Spielfeld ein Routinier. Während er sich vergnüglich schlafen legte, kotzte ich mir die Seele aus dem Leib. Am nächsten Morgen sah ich aus wie eine der Wachsfiguren in Madame Tussauds Kabinett.

»Was ist denn los?«, fragte mich Dr. Kindermann, einer der mitreisenden Teamärzte, am nächsten Morgen mit besorgter Miene.

»Was Falsches gegessen«, stammelte ich. Ja, Marlboros und Weißbier, aber nach der Speiseabfolge fragte Dr. Kindermann zum Glück nicht. Er gab mir eine

Elektrolytlösung und brachte mich damit zurück unter die Lebenden. Ich hatte in der Qualifikation für die EM meine Einsatzzeit bekommen, aber ich machte mir keine Illusionen. Bei den Bayern hatte ich mich inzwischen zwar durchgesetzt und nur wenige Wochen zuvor den UEFA-Cup gewonnen, aber die Nationalmannschaft war noch mal eine Stufe höher. Als junger Spieler würde mich der Bundestrainer nicht gegen einen der Routiniers tauschen und in die Stammformation nehmen.

Also nahm ich mir vor, die Zeit in England zu genießen. Wir wohnten im schönen Hotel Mottram Hall. Das herrschaftliche Anwesen war typisch britisch: Chesterfield-Möbel im Rauchersalon, eine holzvertäfelte Bar und natürlich ein Golfplatz, dessen Rasen die meisten Platzwarte in Deutschland vor Neid hätte erblassen lassen. Es gab sogar einen kleinen Kinosaal, in dem ich zusammen mit den hartgesottenen Cineasten Fredi Bobic und Andy Möller Filmklassiker wie *From Dusk Till Dawn* sah. Obwohl wir alle das Turnier ernst nahmen, war es für mich auch ein wenig wie Urlaub.

Dieses Gefühl war aber spätestens beim Eröffnungsspiel gegen die Tschechen verflogen. Das Old Trafford hatte sich in einen Hexenkessel verwandelt. Die Auswechselbänke waren in die Tribüne eingelassen, sodass Wechselspieler fußballfachliche Diskussionen mit den Fans führen konnten, ob sie wollten oder nicht.

Noch vor dem Anpfiff schnappte ich mir unseren Ersatztormann Oli Kahn. »Lass uns mal ganz hinten sitzen«, sagte ich zu ihm. »Dann müssen wir nicht immer

aufstehen, wenn jemand eingewechselt wird. Wir kommen eh nicht rein.« Ich bereitete mich darauf vor, das Team neunzig Minuten lautstark anzufeuern, vom letzten Platz der Bank aus.

Dann kam die 15. Spielminute. Jürgen Kohler riss sich das Innenband im Knie. Berti Vogts drehte sich zur Bank um. Sein Blick haschte suchend umher. Bis er in meiner Richtung zum Stillstand kam. Ich wandte den Kopf nach links und rechts. Er würde doch nicht Oli Kahn als Verteidiger auflaufen lassen?

»Markus«, rief Berti, »worauf wartest du? Mach dich warm.«

Erst da wurde mir klar, was mir bevorstand. Es ging los. Und keine fünf Minuten später stand ich auf dem heiligen Rasen des Theaters der Träume, heute Bühne meines Traumes. Ich war Teil der Europameisterschaft. Wir gewannen 2:0, und nach diesem Spiel wusste ich, eines Tages würde ich in England spielen. Diese Atmosphäre war das Überwältigendste, was ich je erlebt hatte.

Für Jürgen Kohler war das Turnier gelaufen, und ich rutschte für ihn in die Startformation. Wir gewannen das nächste Spiel gegen Russland 3:0, danach erreichten wir gegen die überragenden Italiener unter dem großen Trainer Arrigo Sacchi ein 0:0, bei dem ich aufgrund einer Gelbsperre auf der Tribüne saß. Obwohl wir weiterkamen und die Italiener ausschieden, waren sie uns so überlegen gewesen, dass unsere Stimmung einen Dämpfer bekam. Wenn uns die Italiener so an die Wand spielen konnten und wir nur mit Glück wei-

terkamen, wie würde es dann in der nächsten Runde aussehen? Was für eine Chance hatten wir?

Es war ein Moment, der über den restlichen Turnierverlauf entschied. Wir hätten die Köpfe einziehen können. Doch stattdessen packte sich jeder von uns selbst bei der Fußballerehre. Wir wollten alle Konzentration und Motivation abrufen, über die wir verfügten. Wir wollten der Welt beweisen, dass unser Weiterkommen gegen die Italiener kein Zufall war.

Doch im Verlauf des Turniers trat ein weiteres Problem auf. Die deutsche Nationalmannschaft baute schneller Mitarbeiter ab als jede Personalabteilung das geschafft hätte. Mario Basler und Jürgen Kohler waren bereits zu Beginn der EM verletzt ausgeschieden, nun mussten wir auch noch auf Steffen Freund und Thomas Helmer verzichten.

Im Viertelfinale gegen Kroatien entwickelte sich ein Spiel, das kaum mit Fußball zu tun hatte. Die Spieler klopften mehr aufeinander ein als auf den Ball. Eine Flanke von mir fand in der zweiten Halbzeit den Kopf von Matthias Sammer, der das 2:1 erzielte und uns so zumindest als Sieger vom Platz gehen ließ. Im Halbfinale kamen wir nach dem kräftezehrenden Elfmeterschießen gegen den Gastgeber England weiter.

Danach war es so weit. Das Finale im sagenhaften Wembley gegen die Tschechen, der Kreis schloss sich. Zu diesem letzten Spiel traten wir mit dem letzten Aufgebot an. So viele unserer Spieler waren verletzt, dass unser Ersatztormann Oliver Reck die Erlaubnis ein-

holte, als Feldspieler eingewechselt werden zu können, sollte es ganz hart kommen.

Doch das alles war uns egal. Als wir an diesem Tag auf den Rasen des Wembley-Stadions gingen und die rund 75.000 Fans dem alten Fußballtempel mit seinen verrosteten Duschen und baufälligen Kabinen Leben einhauchten, wussten wir, dass wir Europameister werden würden. Wir wussten es so, wie wir wussten, dass der Ball rund war. Und 105 Minuten später, als Oliver Bierhoff sein zweites Tor schoss und mit dem Golden Goal zugleich das Spiel beendete, waren wir tatsächlich Europameister. Als ich den Pokal in den Londoner Nachthimmel reckte, war schwer zu fassen, was das alles bedeutete. Zunächst sah ich nur die direkten Konsequenzen: Bier, feiernde und singende Menschen, eine ausgelassene Stimmung. Bundeskanzler Kohl kam zu uns in die Kabine, um zu gratulieren, und wir baten singend um Steuererleichterung für Europameister (Spoiler: Es gab keine).

Zurück im Mottram Hall hatten die englischen Gastgeber die Bar bereits zugesperrt, vielleicht waren sie noch sauer wegen unseres Siegs im Halbfinale. Dafür kam ich gesund und munter am nächsten Tag in Deutschland an, jedenfalls gesünder, als ich in England gelandet war. Diese Europameisterschaft hatte damit begonnen, dass ich kotzend über einer Kloschüssel hing. Und nun stand ich mit dem Pokal in der Hand auf dem Balkon des Frankfurter Rathauses und hielt ihn zahlreichen Menschen entgegen, die uns von

unten her zujubelten. Das war der Höhepunkt meiner Fußballerkarriere. Mit nur 23 Jahren.

Und in diesem Augenblick durchfuhr mich ein schmerzlicher Gedanke. Der Höhepunkt meiner Karriere. Mit nur 23 Jahren?

Wie du aus jedem Jahr dein bestes machst:

Ruhst du dich auf deinem Erfolg aus, machst du ihn zu einer Niederlage

Die Europameisterschaft 1996 hatte für uns beide mit völlig unterschiedlichen Vorzeichen begonnen. Der eine hatte Ansprüche auf die Stammformation, es sollte sein großes Turnier werden. Der andere rechnete sich nicht allzu viel Spielzeit aus und war einfach glücklich, dabei zu sein. Doch diese Vorzeichen änderten sich während des Turniers. Der eine musste verletzt abreisen, ohne eine Minute gespielt zu haben. Der andere stand im Finale auf dem Platz und streckte den Pokal in die Höhe.

Der Fußball ist oft der beste Lehrmeister für das Leben. Für den einen von uns sollte dieses Turnier der Höhepunkt der Karriere werden und wurde es nicht, für den anderen entwickelte es sich überraschend dazu. Doch wir beide mussten mit den Konsequenzen umgehen lernen.

Mario kehrte nach Deutschland zurück. Zuerst musste er die Frustration abschütteln und seine Teamkollegen

bis zum Titelgewinn anfeuern. Hätte er sich nicht dazu durchringen können, sondern hätte den EM-Triumph in Missgunst gefangen miterlebt, hätte er sich selbst um einen Erfolg betrogen. Statt mit dem zu hadern, was er nicht beeinflussen konnte, konzentrierte er sich auf die Dinge, die in seiner Hand lagen. Er dachte an seinen Beitrag, der Deutschland überhaupt erst zur EM gebracht hatte. Er konzentrierte sich auf seine Genesung. Und dann nahm er sich vor, mit dem FC Bayern voll anzugreifen. Nach dem Motto: Er hatte Europa nicht mit der Nationalmannschaft erobert, dann würde er es eben mit dem Verein tun.

Markus hatte mit 23 Jahren einen der größten Titel im Fußball gewonnen. Ein solcher Triumph ist unter Umständen gefährlicher als eine Niederlage. Hätte er sich selbst eingeredet, dass dieses Jahr das beste seines Lebens gewesen war und nichts mehr an diesen Erfolg heranreichen würde, hätte er das Fußballspielen auch gleich aufgeben können. Die Gefahr ist groß, sich nach einem Erfolg darauf auszuruhen und dabei all die möglichen zukünftigen Erfolge zu verpassen. Markus musste an sich arbeiten, um nur wenige Wochen nach dem Triumph bei der EM, als das Training mit dem FC Bayern losging, wieder mit demselben Hunger und Ehrgeiz auf den Trainingsplatz zurückzukehren, den er vor der EM verspürt hatte. Aber es gelang ihm. Er hatte beschlossen, dass seine besten Jahre noch vor ihm lagen.

Ob du dein Ziel erreichst oder nicht, danach zählt immer nur eines: das nächste Ziel. Der nächste Tag. Das

nächste Jahr. Du glaubst, du wüsstest genau, welche Jahre deine besten waren? Die Jahre, als du Chef deiner Firma warst? Als du das meiste Geld verdient hast? Als du dich zum ersten Mal verliebt hast? Als du fit genug warst, die Alpen zu überqueren?

Dann hast du vergessen, woran uns der EM-Titel 1996 erinnert hat. Es zählt immer nur die Zukunft. Das gilt im Profisport genauso wie im Leben. Und genauso wie im Leben ist auch im Profisport das Verlangen groß, sich mit einmal Erreichtem zu begnügen. Das, was ist, mit dem zu vergleichen, was war, wobei die Gegenwart immer schlechter wegkommt. Wäre es nicht schön, einfach die Beine hochzulegen und für den Rest der Tage die Goldmedaille zu polieren, die du mal irgendwo gewonnen hast? Nur werden die Tage immer länger, und die Goldmedaille verliert irgendwann an Glanz. Und eines Tages, wenn sich dein Gesicht im blass gewordenen Gold schon nicht mehr spiegelt, begreifst du, dass dich die Vergangenheit vielleicht zu dem Menschen macht, der du bist. Aber nur die Zukunft, und wie du mit ihr umgehst, macht dich zu dem Menschen, der du sein willst. Sie liegt in deiner Hand.

Zukunftsorientierung heißt das in psychologischem Fachchinesisch. Und wer jedes Jahr zu seinem besten machen will, ob Goldmedaille oder nicht, der braucht diese Zukunftsorientierung. Aber keine Sorge, sie ist gar nicht so schwer zu erreichen. Sprich und denk mehr darüber nach, was du morgen tun willst, als über das, was du gestern getan hast. Erinnere dich nicht länger an

das, was war, als du das planst, was erst sein wird. Frage dich immer wieder, was deine Ziele sind, und wenn du dich dabei ertappst, keine zu haben, dann mach welche. Vergleiche nicht die Gegenwart mit der Vergangenheit, denn die Gegenwart wird jeden Vergleich gewinnen, immer, weil sie etwas Entscheidendes besitzt, das der Vergangenheit fehlt: Sie ist jetzt. Und nur in ihr kannst du leben. Das beste Jahr deines Lebens ist immer jenes, das gerade *ist*. Nie jenes, das *war*. Wenn du dich an der Zukunft orientierst, werden deine besten Jahre auch dort zu finden sein.

Kapitel 3

Willst du den Gipfel erklimmen oder den Berg versetzen?

Sind wir jung und stark, brauchen wir nichts und niemanden. Wir sind Schmiede unseres eigenen Glücks, und das Feuer, das in uns brennt, scheint nie auszugehen. Wir brauchen keine Rücksicht zu nehmen, uns nicht ein- oder unterzuordnen. Wir fühlen uns unbesiegbar, denn in den besten Jahren haben wir Erfolg. Schnell werden Kollegen zu Konkurrenten, und ehemalige Mentoren wollen überholt und übertrumpft werden. Ehrgeiz packt uns, Selbstsicherheit liegt über uns wie eine zweite Haut. In den besten Jahren wirken wir unbesiegbar und sind bereit, jeden Kampf aufzunehmen.

Doch die scheinbar besten Jahre erweisen sich so als Gift für alle kommenden. Denn wir verlernen oder ignorieren eine ganz entscheidende Fähigkeit, um aus jedem Jahr unser bestes zu machen. Wir verlernen, unseren Platz einzunehmen. Uns einer Sache und einem Ziel unterzuordnen. In einem Gefüge zu funktionieren. Wer sich unbesiegbar fühlt, vergisst schnell einen einfachen, aber wahren Grundsatz: Gemeinsam erreichen wir stets mehr als allein. Wer lernt, selbst in seinen besten Jahren sich

dem großen Ganzen unterzuordnen, der gewinnt eine Fähigkeit, die ihn sein restliches Leben begleiten wird.

Wer das allerdings versäumt, tut sich später umso schwerer damit. Einem solchen Menschen bereitet es Probleme, einen Schritt zurückzutreten. Selbst wenn es notwendig ist. Dann verpasst der erfolgreiche Geschäftsmann den Zeitpunkt, das Unternehmen weiterzugeben und sich um Frau, Kinder oder Enkel zu kümmern. Die fürsorgende Mutter, die sich jahrelang mit unbändiger Kraft um ihren Nachwuchs gekümmert hat, schafft es nicht, im rechten Moment zur Seite zu treten und sich zurückzuhalten, um dem Kind eigene Fehler zuzugestehen. Der Lehrer erkennt nicht an, wie weit sein Schüler mittlerweile gekommen ist, und bringt es nicht über sich, ihn gleichwertig zu behandeln.

Die besten Jahre halten diese Menschen gefangen. Es gelingt ihnen nicht, sich von ihren Plätzen an der Spitze zu lösen und sich unterzuordnen, um anderen Platz zu machen oder gar gemeinsam etwas noch Größeres zu erreichen, als sie es allein könnten.

Wir mussten uns diese Erkenntnis hart erarbeiten. Sie kam, als wir unsere erste Saison für den FC Bayern München spielten. Denn auf keinem Gipfel gibt es genug Platz für zwanzig Fußballspieler. Jeder von diesen zwanzig hätte das Talent, die Fähigkeit und den Willen, den Gipfel allein zu erklimmen. Aber wenn sie lernen zusammenzuarbeiten und jeder seine Rolle einnimmt, gelingt ihnen etwas viel Besseres. Dann können sie den ganzen verdammten Berg versetzen.

Markus
ELF FREUNDE

Ich hatte eigentlich nie damit gerechnet, Profifußballer zu werden. Aufgewachsen im kleinen Gilching, zwanzig Kilometer von München entfernt, kam ich bereits mit neun Jahren zu den Bayern. Ich liebte den Fußball, weil es mir Spaß machte, mit meinen Freuden mein Bestes zu geben. In meiner Jugend trainierte ich nicht mit dem Ziel, einmal reich und berühmt zu werden.

Bei unseren Trainings verfolgten wir manchmal die zweite Mannschaft des FC Bayern. Während ich den Erwachsenen bei ihren Übungen zusah, dachte ich, das wäre schon eine große Sache, eines Tages meine Schuhe für die zweite Mannschaft schnüren zu können. Dann wäre ich schon glücklich.

Doch es kam anders. Mit 19 bekam ich einen Profivertrag. Kurz darauf schickten mich die Bayern nach Hamburg, um beim HSV zum Profi zu reifen. Eine wichtige, lehrreiche Zeit, da ich in Hamburg den Raum bekam, Fehler zu machen und dazuzulernen. Einen solchen Raum gab es bei den Bayern nicht.

1994 kehrte ich nach München zurück. Dabei war das keineswegs ausgemacht. Ich war noch immer ein junger Spieler. Wie sollte ich mich beim großen FC Bayern durchsetzen? Wäre es nicht besser, zu einem kleineren Verein zu wechseln, bei dem ich dafür spielen könnte? Das Standing von Spielern aus dem eigenen Nachwuchs

war bei den Bayern damals noch nicht sonderlich ausgeprägt. Lieber setzte die Vereinsführung auf namhafte Einkäufe. Eigenbauspieler dienten eher dazu, den Kader aufzufüllen. Die Wertschätzung hielt sich in Grenzen.

Letztlich entschied ich mich zu bleiben. Immerhin war Gilching nicht weit entfernt. Nach den Trainings konnte ich nach Hause fahren und Freunde treffen, die ich seit meiner Jugend kannte. Wir konnten Bier trinken gehen, ohne uns um *BILD*-Reporter kümmern zu müssen. Während Bayern München stolz darauf war, nicht so zu sein wie alle anderen, konnte ich in meiner Heimat eben genau das sein. Normal.

1995 und 1996 waren harte Jahre für den erfolgsverwöhnten FC Bayern München. Während ich mir einen Stammplatz auf der linken Abwehrseite erkämpfte, errangen die Schwarz-Gelben aus Dortmund zwei Meistertitel. Unter dem General Ottmar Hitzfeld wurden die Borussen zu einer der besten Mannschaften Europas, mit Spielern wie Matthias Sammer, Jürgen Kohler, Michael Zorc und Andy Möller. 1996 gewann ich mit den Bayern zwar den UEFA-Cup, den zweitwichtigsten europäischen Titel, doch für eine Mannschaft, für die das Beste gerade gut genug war, nahm sich das Zweitbeste in der Bundesliga wie eine Enttäuschung aus.

Zu Beginn der Saison 96/97 sollte alles anders werden. Ich kehrte als frisch gebackener Europameister aus England zurück. Überall sonst wäre die Gefahr groß gewesen, mich auf dem Erfolg auszuruhen, doch nicht bei den Bayern. Hier lernte ich bereits beim ersten Training

danach, wie wenig Bedeutung im Fußball gewonnene Titel haben. Was zählte, waren jene Titel, die noch nicht gewonnen sind. Für uns bedeutete das die deutsche Meisterschaft.

Der neue Trainer verkörperte dies perfekt. Giovanni Trapattoni hatte sowohl als Spieler wie auch als Trainer so gut wie alles gewonnen. Der legendäre Mister mit dem schlohweißen Haar und dem Gesicht eines antiken Philosophen strahlte sowohl in schwarzen Anzügen als auch in übergroßen Trainingsanzügen Eleganz aus. Oft schlenderte er mit gesenktem Kopf am Spielfeldrand hin und her. Es war nicht immer klar, ob er über Fußball nachdachte oder die Geheimnisse des Universums. Trotz seiner Eleganz konnte Trap auch richtig aus der Haut fahren. Dann traten seine Halsadern hervor, er lief rot an und verwandelte sich in eine Dampfmaschine. Nur kamen statt Dampf die unverständlichsten italienischen Flüche aus ihm heraus. Aber selbst bei seinen Schimpfmonologen blieb er ein Ehrenmann.

Seine erste Amtszeit bei den Bayern war eine unglückliche gewesen, doch nun erhofften sich die Bosse, dass alles anders werden würde. Die Saison begann jedenfalls anders, als Trapattoni sich das je erträumt hätte. Für ein Teambuilding verbrachte die ganze Mannschaft einen Tag auf einem Floß, das die Isar hinuntertrieb. An Bord nichts als zwanzig Männer und Kisten voller Weißbier. Die Sonne knallte uns auf die Köpfe, und den Durst stillten wir mit dem Hopfen. Bald schon hätte niemand mehr von uns eine geordnete Schwimmbewegung hin-

bekommen. Dass wir alle vollzählig am Ufer ankamen, grenzte an ein Wunder. Der arme Trap. Ob er da schon ahnte, was noch vor ihm lag?

Auch auf dem Transfermarkt hatten die Bayern zugeschlagen, um das Ziel Meistertitel zu erreichen. Ihr Königstransfer war ein großmäuliger Offensivspieler mit herausragendem Talent: Mario Basler. Basler kam aus Bremen und ihm eilte der Ruf eines *enfant terrible* voraus. Er war in vielem das Gegenteil von mir. Während ich nichts lieber tat, als zu Hause in Gilching meine Abende ruhig ausklingen zu lassen, hatte Mario vermutlich schon in den ersten Wochen mehr Münchner Bars von innen gesehen als ich in meinem ganzen Leben.

Während wir unter Trapattoni einen biederen Fußball spielten und unseren Gegnern die Punkte mühsam abrangen, ging es abseits des Platzes offensiver zu. Die beiden Alphatiere Lothar Matthäus und Jürgen Klinsmann lieferten sich beinahe wöchentlich einen Schlagabtausch. Als die Winterpause endlich anbrach, war ich mehr als nur genervt. Wir gingen zwar als Tabellenführer in die Pause, doch der Abstand auf Bayer Leverkusen, den VfB Stuttgart und Borussia Dortmund betrug nur wenige Punkte. Wir waren lange nicht so gut, wie wir sein konnten. Weil wir nicht als Team auf dem Platz standen. Weil jeder nur für sich spielte.

In dieser Zeit dachte ich häufig an den bisher schönsten Titel meiner Karriere. Den hatte ich mit 16 Jahren feiern dürfen, als ich bei der B-Jugend des FC Bayern spielte. Gemeinsam mit herausragenden Kickern wie

Christian Nerlinger und Max Eberl ließen wir zunächst den FC Augsburg in der Oberbayerischen Liga hinter uns, schlugen dann im Finale der Bayerischen Meisterschaft den 1. FC Nürnberg und gelangten so in die Endrunde der Deutschen Meisterschaft der B-Junioren, gemeinsam mit 15 anderen Teams. Im Halbfinale schalteten wir die Eintracht aus Frankfurt aus. Im Finale trafen wir auf Hertha Zehlendorf aus Berlin. Wir schlugen die Mannschaft um Robert Kovač mit 5:4 im Elfmeterschießen.

Zum ersten Mal überhaupt war eine B-Junioren-Mannschaft des FC Bayern in ihrer Altersklasse deutscher Meister geworden (was viel über die Jugendarbeit in dieser Zeit aussagte).

Was mir bei diesem Titel besonders in Erinnerung blieb, war der Teamgeist, der uns alle miteinander verband. Im Profifußball kam es selten vor, dass elf Freunde miteinander auf dem Platz standen. Doch das waren wir damals. Wir liefen und kämpften füreinander, gewannen und verloren gemeinsam. Jeder gelaufene Meter, jeder erkämpfte Ball, jeder gewonnene Zweikampf, jedes erzielte Tor gehörte uns allen. Wir halfen einander, motivierten uns, spornten uns zu unseren besten Leistungen an.

In der Saison 96/97 vermisste ich genau diese Tugenden beim FC Bayern. Ohne dieses Gemeinschaftsgefühl konnten wir nicht Meister werden, egal wie gut unsere Spieler für sich genommen sein mochten. Obwohl ich mich eher als Teamplayer begriff, fiel es selbst mir nicht

leicht, in dieser Mannschaft meinen Teil zu leisten, die in interne Grabenkämpfe verwickelt war.

Doch in der Winterpause geschah etwas. Wir traten nach dem Jahreswechsel geschlossener auf. Keine Ahnung, was den Ausschlag gab. Noch lange waren nicht alle Brände gelöscht, aber die Stimmung hatte sich verändert. Selbst ein Mario Basler lief plötzlich für die anderen. Als Abwehrspieler war ich es gewohnt, die Drecksarbeit hinter den Kreativen zu erledigen. Das machte ich gern, das war mein Job, darin war ich gut. Doch auch ein Abwehrspieler konnte irgendwann genervt die Motivation verlieren, wenn der Vordermann ihn zum wiederholten Male im Stich ließ. In der zweiten Saisonhälfte bildete sich jedoch eine Gemeinschaft heraus, in der jeder um seinen Platz wusste und ihn auch bereitwillig annahm.

Jeder ordnete sich unter. Jeder tat auch das, was wehtat und was er vielleicht weniger gern tat. Dafür kostete es die anderen weniger Überwindung, ebenfalls an die Schmerzgrenze zu gehen. Es war wie eine Kettenreaktion. Damit fanden wir in die Spur, und jeder Spieler fand zu seiner Bestform. Spieler wie Mario Basler dribbelten, legten vor, trafen selbst, und ich beackerte meine Seite, ließ meine Gegenspieler nicht los, warf mich in jeden Ball, grätschte den letzten Grashalm um.

Wir eilten von einem Sieg zum nächsten. Woche um Woche lächelten wir von der Tabellenspitze. Am letzten Spieltag könnten wir mit einem Sieg gegen den VfB Stuttgart alles klar machen. Es wäre mein erster deut-

scher Meistertitel. Der größte Erfolg, den ein deutscher Fußballer auf Vereinsebene haben kann. Im Sommer war ich Europameister geworden, nun konnte ich deutscher Meister werden. Dafür mussten wir noch ein letztes Mal alles gemeinsam in die Schlacht werfen. Uns alle dem einen großen Ziel unterordnen: dieses Jahr zum besten unseres Lebens zu machen.

Mario

WELLENREITEN

Nach der EM '96 begann meine Zeit bei den Bayern. Es war der größte Verein, für den ich bisher gespielt hatte, für den ein Fußballer in Deutschland überhaupt spielen konnte. In den Jahren zuvor war ich bei Werder Bremen Bundesliga-Torschützenkönig geworden, hatte den Deutschen Pokal gewonnen und mich zu einem der besten Spieler der Liga entwickelt. Doch in Bremen war das Leben ein anderes. Die Mannschaft kämpfte und lief für mich. Unter Otto Rehhagel, der ein Jahr vor mir nach München gewechselt war, genoss ich Narrenfreiheit. Rehhagel hatte die Presse in Bremen in der Hand, und wenn ich abends um die Häuser zog, musste ich mir keine Sorgen machen, was am nächsten Tag in der Zeitung stehen könnte.

Kulturschock München. Die Stadt atmete Selbstbewusstsein. Und sie gierte nach Klatsch. So war München:

Hier wusste man, wer man war, und man machte daraus keinen Hehl. Entweder ich passte mich an, oder ich würde einer der vielen vielversprechenden Transfers werden, die sich als Flops herausstellten. Das war mir bereits bei meinem ersten Training klar.

Hier wehte ein anderer Wind. Ein Wind, dem Otto Rehhagel nicht standgehalten hatte. Noch bevor ich in München ankam, war er gegen Giovanni Trapattoni ausgetauscht worden. Der Mann mit dem weißen Haar und der Adlernase wachte über uns Spieler wie ein strenger Erzieher. Seine gesamte Philosophie war geprägt von Disziplin. Das begann bei seinem Auftreten und endete bei seinen Aufstellungen. Jedes disziplinarische Vergehen ahndete er rigoros. Er hatte keinen Respekt vor Ruhm. Ich spielte mit Lothar Matthäus, Jürgen Klinsmann, Oliver Kahn und Mehmet Scholl, doch für Trapattoni waren das bloß Namen. Er scheute sich nicht, Spieler frühzeitig auszuwechseln oder gar nicht aufzustellen. Zu leiden unter dieser Eigenschaft hatte zuerst einmal ich selbst.

In der gesamten Hinrunde spielte ich schlappe 710 Minuten. Der Fußball unter Trapattoni brachte anfangs die gewünschten Ergebnisse, war aber hart anzusehen. In der Winterpause befanden wir uns in einem Titelrennen mit Bayer Leverkusen, dem VfB Stuttgart und Borussia Dortmund, die dem FC Bayern die letzten zwei Meisterschalen weggeschnappt hatte. Unzufrieden mit meiner Einsatzzeit flog ich mit meinem Manager Roger Wittmann nach Dubai, um dort auszuspannen und auf

neue Gedanken zu kommen. Das Wasser war warm, die Sonne stand hoch, die perfekten Bedingungen, um die Seele baumeln zu lassen. Weit weg vom winterlichen, kalten München.

Doch so recht wollte mir das Ausspannen nicht gelingen. Eines Abends schnappte ich Roger und spazierte mit ihm am Strand entlang, hinter uns zogen die Scheichs ihre Hochhäuser in den Himmel. »Der Wechsel zu Bayern sollte der Höhepunkt meiner Karriere sein«, beklagte ich mich. »Aber ich bekomme keine Chance, mich zu beweisen.«

Roger hörte sich meine Sorgen ruhig an. Schließlich ergriff er das Wort. »Bei den Bayern gibt es so viele Stars, da bedeutet der Einzelne nichts. Wenn du angenommen werden willst, musst du dich reinwerfen. Wenn du spielst, reicht es nicht, für Torchancen zu sorgen, du musst auch ackern und kämpfen. Und wenn du auf der Bank sitzt, musst du die Schnauze halten und für das Team da sein. Du musst deinen Teil beitragen, egal ob auf oder neben dem Platz.«

Obwohl mir diese Worte nicht gefielen, war mir klar, wie recht Roger hatte. Ich musste an meiner Fitness arbeiten. Ich durfte nicht bloß der Mario Basler sein, der ich sein wollte, sondern ich musste der Basler sein, den der FC Bayern brauchte. Wenn ich dachte, für die besten Jahre meiner Karriere würde es reichen, zum besten Verein Deutschlands zu wechseln, und der Rest würde schon von selbst kommen, dann erwartete mich ein böses Erwachen.

Also beschloss ich, härter an mir zu arbeiten. Den Anfang machte ich noch auf dem Strand von Dubai. Ich sprintete los, Roger hinterher, und lief den ganzen Weg zurück zum Hotel. Als ich vor den Toren ankam, war Roger nirgends zu sehen. Er hatte bereits nach den ersten hundert Metern aufgegeben.

Zurück in Deutschland veränderte sich meine Einstellung. Beim alljährlichen Hallenmasters, einem Hallenturnier in Berlin, wurde ich zum besten Spieler gewählt. Und auch auf dem großen Rasen konnte ich zeigen, wofür mich die Bayern geholt hatten. Ich legte Tore auf, erzielte selbst welche, vor allem aber überwand ich mich, das zu tun, was ich hasste, die Defensivarbeit. Nach Ballverlusten arbeitete ich zurück, keinen Ball gab ich verloren.

Trapattoni bemerkte meine Veränderung und stellte mich häufiger auf, ließ mich länger spielen. Wenn er mich nun nach siebzig oder achtzig Minuten vom Platz nahm, war ich völlig fertig. Ich lernte, alles zu geben, was ich hatte. Alles für das Team, nicht für mich. Und das machte mich zu einem besseren Fußballer.

Auch die Rückrunde war nicht ohne Rückschläge. Vor dem Spiel gegen unseren Verfolger Bayer Leverkusen trafen sich einige Spieler und Betreuer in meinem Zimmer auf eine Runde Schafskopf, ein Ritual, dem wir oft nachgingen. Die Runde endete irgendwann nach Mitternacht, und am nächsten Tag verloren wir mit 0:3. Auch das nächste Spiel gegen Bielefeld verloren wir mit 0:2. Einer der Spieler erzählte dem Boss Uli in der

Sauna von unserem Schafskopfspiel, und plötzlich war wieder Feuer am Dach. Mangelnde Disziplin, schimpften die Bosse. Viel schwerer für uns Spieler wog jedoch, dass jemand aus der Mannschaft geplaudert hatte. So etwas tat man nicht. Der Kaiser höchstselbst hielt uns eine Brandrede, der »Maulwurf« entschuldigte sich später persönlich bei mir. Auch diesen Bruch konnten wir kitten, weil wir die Mannschaft über unsere persönlichen Befindlichkeiten stellten. Diese Fähigkeit, nicht die großartigen Einzelspieler, war in dieser Saison, was den FC Bayern auszeichnete.

Von außen mochte das nicht immer so ausgesehen haben. Vor allem Jürgen Klinsmann, der mit seiner Spielzeit unter Trapattoni unzufrieden war und dieser Unzufriedenheit immer wieder Luft machte, beschäftigte die Medien. Doch in der Mannschaft war das kein großes Problem. Wenn er am Platz war, brachte Jürgen seine Leistung.

Am letzten Spieltag trafen wir auf den VfB Stuttgart, unser Verfolger Leverkusen auf den 1. FC Köln. Die Rechnung war einfach: Gewannen wir, waren wir Meister. Es wäre mein erster Meistertitel. Jahrelang hatte ich auf ihn hingearbeitet. In dieser Saison hatte ich mehr aus mir herausgeholt als jemals zuvor. Es hatte mich als Spieler und als Mensch weitergebracht. Jetzt aber wollte ich diesen Fortschritt krönen. Ich wollte dieses Jahr zum besten meines Lebens machen.

Wir wussten, wir würden es schaffen, selbst als Stuttgart bereits früh in Führung ging. Doch Christian Ziege

glich kurz darauf aus, Mehmet Scholl verwandelte eine Vorlage von Klinsmann zum 2:1. Trapattoni benetzte den Münchner Rasen mit Weihwasser. In der 51. Minute erzielte der Stuttgarter Fredi Bobic den Ausgleich, doch an diesem Tag waren wir unschlagbar. Es sollte einfach sein.

Ich schlug eine Flanke auf Ruggiero Rizzitelli, und unser Italiener haute das Ding zum 3:2 hinein. Kurz vor der 70. Minute nahm Trapattoni mich vom Feld. Völlig ausgelaugt schleppte ich mich in die Kabine, kramte in meiner Sporttasche und holte die Kippen raus. Ich streckte mich auf der Bank der Kabine aus, steckte die Zigarette zwischen die Lippen und zündete sie an. Nahm einen Zug nach dem anderen, die Belohnung für all die harten Wochen und Monate, so kurz vor dem Ziel.

Als ich fertig geraucht und die Kabine in leichten Nebel gehüllt hatte, wanderte ich noch mal auf das Spielfeld. Die letzten Minuten waren im Gange. Mittlerweile stand es 4:2 für uns, das Spiel war entschieden. Ich baute mich vor den Fans auf, ging in die Hocke, wackelte mit den Armen und riss sie blitzschnell nach oben. Die La-Ola-Welle schwappte durch das Stadion.

In diesem Moment ging ich völlig in der jubelnden, kreischenden, pulsierenden Menge vor mir auf. Das Ego war ausgeschaltet. Ich war Teil dieser Mannschaft. Ich hatte ihr alles gegeben, was ich hatte. Und als der Schiedsrichter abpfiff, war ich mit ihr deutscher Meister geworden.

Wie du aus jedem Jahr dein bestes machst:

Ordne dich einer Aufgabe unter,
dann ordnet sich dein Leben wie von selbst

Wenn du an einen neuen Ort gelangst, musst du nach deinem Platz suchen. Dabei können deine Vorstellungen mit der Realität in Konflikt geraten. Du erwartest dir etwa den Platz an der Sonne und findest dich erst mal im Schatten wieder. Ein Mann, der seine erfolgreiche Karriere gegen seine Familie eintauscht, muss feststellen, dass ihm seine beruflichen Erfolge weder in der Erziehung seiner Kinder noch in der Liebe zu seiner Frau helfen. Eine Frau, die nach den glücklichen Jahren, während denen sie sich völlig auf ihre Mutterschaft konzentriert hat, wieder zu arbeiten beginnt, muss feststellen, dass sich ihr Arbeitsumfeld verändert hat und ihr einstiges Büro anderweitig besetzt ist. Wir alle erleben solche Veränderungen immer wieder in unserem Leben.

Du hast nun zwei Möglichkeiten, damit umzugehen, wie auch wir bei den Bayern feststellen mussten. Du kannst die Position einfordern, von der du denkst, sie steht dir zu. Mit Biegen und Brechen setzt du alles daran, dass deine neue Umgebung so aussieht wie deine alte. Manchmal gelingt das, aber meist zum Preis einer schlechten Atmosphäre und großer Anstrengung. Nie ist dieser Weg langfristig fruchtbar.

Oder du erkennst, dass eine neue Situation eine neue Rolle von dir fordert. Du suchst diesen Platz und

nimmst ihn an. Eine solche Rolle kann bedeuten, mehr zuzuhören als früher, das Scheinwerferlicht anderen zu überlassen. Es kann bedeuten, Hilfe anzubieten und das eigene Wissen weiterzugeben, wenn es gewünscht ist.

Die Triumphe und Niederlagen der »besten Jahre« bleiben dir als Erfahrungen erhalten. Erst im Lauf der Zeit, wenn die »besten Jahre« vorüber sind, offenbaren sie ihre Weisheit. Sei wachsam, gib sie weiter, hilf anderen damit. Du wirst sehen, wenn du anderen beim Wachsen hilfst, bleibst du nicht in ihrem Schatten. Du wirst mit ihnen wachsen und am Ende größer sein, als du es in deinen »besten Jahren« je warst.

Kapitel 4

Wenn dein Leben dir eine Zitrone gibt … brauchst du erstmal eine Kippe

Wir schrieben bereits von der legendären »Mutter aller Niederlagen«, dem 1:2 gegen Manchester United im Champions-League-Finale 1999. Wir beide standen an diesem verhängnisvollen Abend auf dem Rasen des altehrwürdigen Camp Nou von Barcelona. Noch heute werden wir gerne gefragt, wie das damals war. Wie sehr uns diese Niederlage zusetzte. Ob wir danach noch dieselben waren.

Das sind, ehrlich gesagt, ziemlich dumme Fragen. Als Fußballspieler gehören Niederlagen zum Leben dazu. Manche tun etwas mehr weh als andere, aber spätestens am nächsten Wochenende sind sie vergessen. Natürlich hätte diese Niederlage nicht sein müssen, aus heutiger Sicht hat sie uns allerdings einige wichtige Erkenntnisse gebracht. In der Mutter der Niederlagen ist das Wesen aller Niederlagen zu finden.

In unseren besten Jahren fällt es uns leichter, Niederlagen wegzustecken. Wir sind voller Kraft, Optimismus und Hoffnung. Wir schütteln uns kurz und nehmen erneut Anlauf für den großen Sprung. Eine abgelehnte

Bewerbung? Kein Problem, dann war das sowieso nicht der richtige Job für mich. Eine unerwiderte Liebe? Neue Nacht, neues Glück. Das Champions-League-Finale verloren? Dann gewinnen wir es eben nächstes Jahr.

Doch wer sich nie mit Niederlagen auseinandersetzt, wer sie bloß als nervige Unterbrechung seiner Siegesserie betrachtet, der versäumt etwas. Denn wenn die scheinbar »besten Jahre« erst hinter uns liegen, wenn die Siege weniger werden und die kleinen Niederlagen häufiger auftreten, dann sind es Niederlagen, nicht Siege, die zu unseren besten Lehrmeistern werden.

In Zeiten voller Energie und Optimismus ist es einfacher zu lernen, mit Niederlagen umzugehen. Später wird das immer schwieriger. Weil die Niederlagen zunehmen. Oder zumindest Situationen, die uns wie Niederlagen vorkommen. Andere sind beweglicher, besser ausgebildet, können mit neuen Technologien umgehen, während wir für alles länger brauchen. Die Welt scheint schneller geworden zu sein und wir langsamer. Irgendwann sind wir aus dem Karussell ausgestiegen und betrachten die bunten Lichter nun von außen, ohne wieder aufsteigen zu können.

Wer zu diesem Zeitpunkt gelernt hat, die Lichter von draußen zu betrachten und sich daran zu erfreuen, ohne sich vergeblich um einen erneuten Aufstieg zu bemühen, ist klar im Vorteil. Und wo konnten wir das besser lernen als auf dem Rasen der katalanischen Kathedrale, auf dem die Zehenspitze eines schlaksigen Norwegers unsere Leben für immer verändern sollte?

Mario
HUNDERTACHTZIG SEKUNDEN

Beim Landeanflug auf Barcelona sah ich das Schachbrettmuster der Stadt, lehmziegelrote Vierecke, dahinter das Meer. Die breiten Straßen, die prächtigen Stadthäuser, Palmen an allen Ecken und ein Licht, das aus vergangenen Jahrhunderten zu kommen scheint. Ein würdiger Ort für das größte Fußballspiel des Jahres.

Am Vorabend des Champions-League-Finales 1999 gegen Manchester United stand ich an der Bar unseres Hotels, rauchte eine Zigarette nach der anderen und nippte an meinem Weißbier. Die vergangenen Wochen waren intensiv gewesen. Während meiner drei Jahre bei den Bayern hatten wir noch nie so ein starkes Team gehabt. Kahn, Matthäus, Babbel, Effenberg, Jancker, Zickler, Scholl, das waren nur einige unserer Leistungsträger. Dazu hatten wir mit Ottmar Hitzfeld einen der besten Trainer bekommen, die der deutsche Fußball je gesehen hatte. Unter ihm kehrten Spielfreude und Begeisterung zurück.

Wir gewannen nicht nur, wir verzauberten. Im Halbfinale der Champions League gegen den ukrainischen Meister Dynamo Kiew, die der legendäre Taktikfuchs Walerij Lobanowskij trainierte, erreichten wir im Hinspiel in Kiew ein wildes 3:3. Ich war gar nicht erst mitgeflogen, muskuläre Probleme hielten mich zurück. Umso stärker brannte ich auf das Rückspiel in München.

Wir wussten, wie gefährlich die Ukrainer waren. Vor allem der junge Stürmer Andrej Shevchenko galt als Talent. Doch vor unseren Fans liefen wir zur Höchstleistung auf. Oli Kahn hielt, was zu halten war. In der Anfangsphase klopfte ich mit einem Schuss von der Strafraumgrenze bei den Gegnern an, verfehlte das Tor aber knapp.

In der 35. Minute legte ich mir den Ball zur Ecke zurecht. Die Flanke kam in den Strafraum, doch die Ukrainer konnten klären. Der Ball segelte zu mir zurück. Sollte ich flanken? Das Gewühl im Strafraum war groß, unsere Stürmer gedeckt. Also zog ich nach innen, den Strafraum entlang, legte mir den Ball auf den schwächeren Linken, visierte den langen Pfosten an und zog voll durch.

Bereits bei der Schwungbewegung konnte ich spüren, dass dieser Schuss perfekt sein würde. Alle zweiundzwanzig Spieler, die dutzenden Betreuer und die 60.000 Fans hielten in diesem Moment kollektiv den Atem an. Der Ball flog zwischen den Körpern der Spieler hindurch, drehte sich am Keeper Shovkovskyi vorbei, knallte gegen den Innenpfosten und von dort ins Tor. Danach brach der Jubel wie ein Sturm über mich herein. Das Tor des Jahres. Das Tor zum Champions-League-Finale.

Ein paar Wochen später machten wir drei Spieltage vor Schluss die Meisterschaft klar, meine zweite mit den Bayern. Im DFB-Pokal standen wir im Finale. Wir hatten die historische Chance auf das Triple. Dafür waren wir nach Barcelona gekommen. Zum ersten Mal seit mehr als zehn Jahren stand Bayern wieder im Cham-

pions-League-Finale. Und ich stand an der Hotelbar, Zigaretten und Bier gaben mir ein vertrautes Gefühl, ein gewöhnlicher Abend. Ich konnte nicht schlafen, aber nicht, weil ich aufgeregt war.

Es war das größte Spiel meiner Karriere. Aber ich verspürte keinen Druck, sondern große Freude. Davon hatte ich geträumt, seit ich das erste Mal gegen einen Ball getreten hatte. Wie oft hatte ich solche Spiele im Fernsehen beobachtet und mir gewünscht, dabei zu sein? Und hier war ich. Irgendwann kam Uli Hoeneß an die Bar. Es war weit nach Mitternacht. Mit seinen stechenden Knopfaugen sah er mich an. »Wenn du jetzt nicht schlafen gehst, spielst du morgen nicht.«

Ich nahm noch einen Schluck Bier. »Dann gewinnen wir auch nicht.«

Am nächsten Tag reisten wir mit dem Bus zum Camp Nou, dem Heimstadion des FC Barcelona. Das kolossale Oval wirkte wie eine Gladiatorenarena. Auf der Außenwand stand gut sichtbar: Katalonien – nicht Spanien. Die Katalanen waren heißblütig.

Nach dem Umziehen verzog ich mich auf die Toilette und rauchte die letzte Zigarette vor dem großen Spiel. Jeder Spieler hatte seine Rituale, das war meins. Ich zog noch einmal die Stutzen und das Jersey zurecht, dann ging ich in den Tunnel. Die 90.000 Fans waren wie ein einziges großes Vibrieren in jedem meiner Knochen zu spüren. Bereits als ich den Rasen betrat, wusste ich: Es würde das größte Spiel meiner Karriere werden. Nichts würde jemals wieder an das hier heranreichen. Der

Champions-League-Titel wäre der Höhepunkt meiner Fußballerlaufbahn. Ich war mir völlig sicher, mit dem Henkelpott nach Hause zu fahren.

In der vierten Minute schickte Jeremies Jancker auf die Reise, der vor dem Strafraum gelegt wurde. Freistoß. Ich schnappte mir den Ball, keine Diskussionen. Alle Ratschläge ignorierte ich. Ich wusste genau, wo die Kugel hinmusste. Schmeichel, der dänische Keeper von Manchester, stellt fast seine ganze Mannschaft in die Mauer, versperrte sich somit selbst die Sicht. Wenn er nur einen Schritt nach rechts machen würde, könnte ich ihm den Ball in die Torwartecke schnippeln.

Ich lief an, gab dem Ball Spin, Schmeichel machte den Schritt und realisierte zu spät, was da gerade passiert war. Der Ball schlug neben dem Pfosten ein. 1:0 für uns. Auf den Knien rutschte ich unseren Fans entgegen und hieß sie willkommen zum größten Titel unserer jüngeren Vereinsgeschichte. Effenberg und Kuffour umarmten mich, schrien mir ins Gesicht. Ein Moment der Unsterblichkeit.

Aber selbst nach so einem Moment pfeift ein Schiedsrichter das Spiel wieder an. Also zurück auf die Positionen, noch waren mehr als achtzig Minuten zu spielen. Wir dominierten, die United-Spieler sahen, wie sich der begehrte Titel vor ihren Augen in Luft auflöste.

Kurz nach Wiederanpfiff trat ich eine Ecke. Die ManU-Verteidigung konnte klären, und Blomqvist fiel der Ball vor die Füße. Plötzlich befanden wir uns in einem astreinen Konter, noch dazu nach meiner Ecke.

Scheiße.

Ich rannte so schnell, wie ich wohl noch nie gerannt war. Wenn es hätte sein müssen, wäre ich in diesem Moment bis nach München zurückgerannt. Blomqvist blickte um sich, sah Giggs, wollte den Ball spielen. Ich flog über die Mittellinie, kam in großen Schritten näher und warf mich mit allem, was ich hatte, nach vorne. Der Pass prallte an mir ab und ging von dort ins Seitenaus. Konter abgewehrt. Die Fans brüllten, selbst Hitzfeld klatschte begeistert. Ich hatte mir geschworen, alles für diesen Sieg zu geben.

Das Spiel lief weiter für uns. Beinahe pausenlos beschäftigten wir die ManU-Defensive. Nach sechzig Minuten bekam ich den Ball an der Mittellinie. Ein kurzer Blick, Schmeichel zu weit vor seinem Tor. Ich riskierte es, zog ab, der Ball segelte über den verdutzten Schmeichel hinweg, aber leider auch knapp über das Tor. Zehn Minuten später steckte mir Effe den Ball in der eigenen Hälfte zu, und ich zog über das Feld wie ein Taifun. Bis zur Strafraumgrenze konnte mich keiner stoppen, dort legte ich für Scholl auf, der hob den Ball über Schmeichel, doch der Teufelskerl bekam die Hand noch irgendwie an den Ball und lenkte ihn an den Pfosten. Das wäre das 2:0 gewesen, die Entscheidung.

In der 81. Minute ging der legendäre Lothar Matthäus mit 38 Jahren vom Platz, der Wille war noch da, doch der Körper konnte nicht mehr. In der 89. Minute ging die Anzeigetafel erneut hoch, und ich sah die Vierzehn aufleuchten, meine Nummer. Ein bisschen Zeit von der

Uhr nehmen. Ich trottete erschöpft und glücklich nach draußen, begleitet vom Applaus der Fans. Der beste Spieler des Tages verließ den Platz.

Auf der Bank ließ ich mich auf den Sitz fallen und schnappte mir eine der Kappen, die bereits ausgeteilt wurden. Sie waren rot und trugen die Aufschrift: »Champions League Sieger 1999 – FC Bayern München«. Sie passte hervorragend.

Drei Minuten Nachspielzeit. Drei Minuten trennten uns vor einem Erfolg für die Ewigkeit. Ich konnte das kalte Metall des Pokals unter meiner Hand spüren. Der größte Moment meines Lebens, hundertachtzig Sekunden entfernt. Ich dachte nicht an das Unmögliche. Niemand tat das. Niemand, außer Sir Alex Ferguson.

In der 67. Minute hatte er bereits Teddy Sheringham eingewechselt, in der 81. Minute den jungen Norweger mit dem Babyface, Ole Gunnar Solskjær. Bisher waren beide unauffällig gewesen. Bis zur 91. Minute. Der britische Superstar mit den blonden Haaren, David Beckham, trat die Ecke. Der Keeper Peter Schmeichel befand sich bereits in unserem Strafraum. Jetzt hieß es für die Briten alles oder nichts.

Dwight Yorke kam mit dem Kopf an den Ball, doch eigentlich gefahrlos, das Leder fiel Thorsten Fink vor die Füße. Ein langer Abschlag, einmal brutal draufhauen, den Ball übers Stadion und am besten bis zum Mond schießen, und die Sache war vorbei. Doch Fink rutschte der Ball ab und landete direkt an der Strafraumgrenze vor Ryan Giggs. Der zog direkt ab. Der Ball wäre neben

das Tor geflogen, doch da tauchte wie aus dem Nichts Teddy Sheringham auf. Er stand, wo ein Stürmer stehen musste. Hielt den Fuß hin, bugsierte das Runde ins Eckige. 1:1. In meinem Kopf wurde es ruhig.

Plötzlich sah ich, wie müde meine Kollegen waren. Sie schleppten sich über den Platz. Wir hatten alles gegeben, alles hineingeworfen und nicht mit diesen letzten drei Minuten gerechnet. Wie konnte das gerecht sein, drei Minuten, die über eine ganze Saison entschieden? Doch Fußball war eben nicht gerecht.

Dann kam die 93. Minute. Die letzte Aktion. Nach dem Anschlusstreffer bäumte sich der Teufel noch einmal auf. Eine letzte Ecke. David Beckham legte sich den Ball erneut zurecht, nahm Anlauf und zog ab.

Markus
DER TUNNEL

Ich kam einfach nicht aus diesem verdammten Tunnel raus. Ich wartete auf das Licht am Ende, doch es wollte sich nicht zeigen. Da war nichts als Lärm und Dunkelheit. Der »Tunnel«, das war der bevorzugte Aufenthaltsort von Spielern wie Oli Kahn oder Stefan Effenberg. Vor Spielen saßen sie in sich versunken in der Kabine und waren nicht ansprechbar. Den Blick starr vor sich gerichtet, waren sie eine Gefahr für jeden, der ihnen in diesen Momenten zu nahe kam. Selbst Typen wie Ma-

rio, die es lockerer brauchten, vor dem Anpfiff den Ball jonglierten oder eine rauchten, zogen sich dann in die Duschen oder aufs Klo zurück.

Der Tunnel war eigentlich nichts für mich. Ich brauchte eine gewisse Lockerheit. Für mich war Fußball nach wie vor Spaß und Freude. Egal vor wie vielen Menschen ich spielte, um welche Pokale es ging, ob Sieg oder Niederlage, ich wollte es genießen. Und nie zuvor hatte ich ein Spiel so genießen wollen wie jenes gegen Manchester United. Champions-League-Finale, ausverkauftes Camp Nou, zwei der größten Mannschaften ihrer Zeit. Dieses Spiel allein rechtfertigte alle Qualen, alle Schmerzen, alle Herausforderungen, alle Niederlagen, die ich auf meinem Weg hierher hatte ertragen müssen. Ohne Zweifel war es das größte Spiel meiner Karriere.

Eine Woche vor dem Spiel fuhr ich bereits in den Tunnel ein. Ich merkte es an den Verspannungen, am schlechten Schlaf, an Gedanken, wie das Spiel verlaufen könnte, die ich sonst nicht hatte. Mir gelang es nicht mehr, im Moment zu leben. Sowohl mein Körper als auch meine Psyche merkten diese Zerrissenheit.

Als wir im Camp Nou aus dem Spielertunnel auf den Rasen traten, durchfuhr mich das Tosen der 90.000 Fans wie ein elektrischer Schlag. Doch der Jubel spornte mich nicht an, er verunsicherte mich. Bloß keinen Fehler machen, dachte ich, als ich das gefürchtete Sturmduo der Roten Teufel betrachtete, Dwight Yorke und Andy Cole. Ich war in diesem verdammten Tunnel gefangen.

Selbst der frühe Führungstreffer brachte mich nicht zurück ins Licht. Bei Marios Tor blockte ich die Mauer von Manchester, damit sein Schuss an ihr vorbei und neben Schmeichel im Eck einschlagen konnte. Doch kaum war der Jubel verklungen, war die Anspannung wieder da. Ich spielte passiv, abwartend, vorsichtig. Schaltete mich kaum nach vorne ein. Wagte wenig, spielte auf Sicherheit. Bloß irgendwie dieses 1:0 über die Zeit bringen. Vom Moment des Anpfiffs an dachte ich an den Abpfiff. Und vergaß, dass bloß die Zeit dazwischen zählte. Lange schien es, als würde das reichen. Wir beschäftigten ManU, spielten uns noch einige Chancen heraus. Doch jedes Mal, wenn wir das 2:0 verpassten, durchfuhr mich ein schrecklicher Gedanke. Ein unmöglicher Gedanke. Irgendwie konnten wir das noch aus der Hand geben.

Sonst ging ich völlig in einem Spiel auf. Ich spürte die Anstrengungen der Sprints nicht, die Grätschen, die Kopfballduelle. Erst danach, in der Kabine, fühlte ich die Schmerzen der Kämpfe auf dem Rasen. Nicht so an diesem Abend. Mein Kopf arbeitete getrennt von meinem Körper, analysierte und hinterfragte jede Entscheidung. Registrierte die Müdigkeit, die langsam von mir Besitz ergriff. In der 80. Minute sah ich, wie sich Lothar vom Platz schleppte. In der 89. ging Mario. Am liebsten hätte ich mich auch auf die Bank fallen lassen. Ich sehnte den Schlusspfiff herbei.

In der ersten Minute der Nachspielzeit sah ich, wie Beckhams Ecke hereinflog. United-Keeper Schmeichel

schmiss sich in Richtung Ball, doch er verfehlte ihn. Die Kugel sprang vor die Füße von Thorsten Fink. Wie in Zeitlupe sah ich, wie er ein wenig das Gleichgewicht verlor, sich zu weit nach hinten lehnte, den Ball nur streifte, anstatt ihn wegzudreschen. Genau vor die Füße von Ryan Giggs. Etwas in mir wusste, was kommen würde, hatte es die ganze Zeit gewusst. Giggs zog ab. Der Ball wäre am Tor vorbeigegangen, doch Sheringhams Fuß änderte seine Richtung. 1:1. Keine Verlängerung. Das war mein erster Gedanke. Bitte, keine Verlängerung. Das steh ich nicht durch.

Wir schleppten uns die nächsten zwei Minuten dahin. Manchester rannte an, als hätten sie das ganze Spiel bloß auf diese letzten drei Minuten gewartet. Wieder Ecke, wieder Beckham. Die ManU-Spieler liefen in den Strafraum ein. Wie kaputt wir waren, zeigte sich an der Tatsache, dass im Strafraum acht Bayern-Spieler gegen bloß fünf Manchester-Spieler verteidigten. Und trotzdem kam Teddy Sheringham mit dem Kopf an den Ball und verlängerte ihn. An der hinteren Ecke wartete der Edeljoker von Sir Alex Ferguson, der junge Norweger Solskjær, mit seinen Locken und seinen stechenden, blauen Augen hatte er das Gesicht eines Teenagers. Aber eiskalt und abgeklärt streckte er seinen rechten Fuß aus, von dem aus der Ball unhaltbar über unsere Abwehrspieler, die neben Oli auf der Torlinie standen, ins Kreuzeck flog. Das war's. Damit war das Spiel entschieden. Und im ersten Moment war ich dankbar. Einfach dankbar, dass dieses verdammte Spiel, durch das

ich mich gequält hatte, obwohl es das größte meiner Karriere sein sollte, vorbei war. Kurz darauf war Abpfiff. Eine Mauer aus Fassungslosigkeit und Unverständnis hielt die Jubelstürme des Gegners von mir fern. Die Minuten nach dem Ende des Spiels liefen an mir vorüber wie schemenhafte Bewegungen hinter einer Milchglasscheibe. Wie lange blieb ich noch auf dem Rasen? Wann ging ich in die Kabine? War ich bei der Siegerehrung überhaupt dabei, um mir meine Medaille abzuholen?

Mir gelang es erst in der Kabine wieder, einen klaren Gedanken zu fassen. Mit Überraschung stellte ich fest, dass es nicht die Niederlage an sich war, die mich so traurig und wütend machte. Wir hatten gut gespielt, waren die bessere Mannschaft gewesen, hatten alles hineingeworfen. Was mich so ärgerte, war die Tatsache, dass ich das größte Spiel meines Lebens nicht hatte genießen können. Es kam mir wie ein Verrat an mir selbst vor. Denn was war der größte Triumph wert, wenn ich aus Angst, ihn zu verlieren, den Weg dorthin nicht genießen konnte?

Mario

DIE GROSSE SAUSE

Kurz nachdem der Ball zum 1:2 in die Maschen ging, stand ich von der Bank auf und verzog mich in die Kabine. Während die anderen noch versuchten zu begreifen, was da gerade passiert war, nahm ich mir eine

Kippe, setzte mich unter die Dusche, ohne sie aufzudrehen, und zündete sie an. Ganz allein machte ich einen Zug nach dem anderen. Ich wollte etwas fühlen, Trauer, Wut, Schmerz, irgendwas, aber es gelang mir nicht.

Die Tür ging auf. Kalle Rummenigge und der Kaiser kamen in die Kabine. Wir blickten uns stumm an. Beckenbauer suchte nach Worten, fand keine. Schließlich drehte er sich um und ging wieder hinaus, zur Siegerehrung. Kalle und ich blieben in der Kabine, schweigend. Der Zigarettenrauch hing vor meinen Augen in der Luft, der Nebel hielt das Geschehen von mir fern. In dieser Ruhe konnte ich langsam wieder Gedanken fassen. Niemand war gestorben. Es ging um Fußball, nicht um Krieg. Wir waren alle gesund, wir konnten mit unseren Leben zufrieden sein. Ich drückte die Zigarette am Fliesenboden der Dusche aus und stand auf. Ich wusste, was ich jetzt wollte. Ich wollte feiern.

Im Hotel war für die große Feier alles vorbereitet. Ein Festsaal mit Musik, Bankett, reichlich Alkohol. Statt dem großen Jubel trat Beckenbauer auf die Bühne und murmelte ein paar aufmunternde Worte. Im anderen Flügel des Hotels feierte Manchester United den Titel. Doch ich wollte hier nicht sitzen und Trübsal blasen. Nach einem kurzen Blick in die Runde realisierte ich, dass es den meisten genauso ging. Wir bestellten eine Runde und noch eine und noch eine. Der DJ drehte die Musik immer lauter. Die Feste feiern, wie sie fallen. Wer sagte, wir sollten nach einer Niederlage nicht feiern? Blödsinn! Wir sollten immer feiern! Wir hatten eine Sai-

son lang gekämpft, alles aus uns rausgepumpt, ich war am Höhepunkt meiner fußballerischen Fähigkeiten.

Mit einer Beweglichkeit, die ich ihm nach diesem Spiel nicht mehr zugetraut hätte, sprang Lothar mit mir auf den Tisch. Wir tanzten zu *Mambo Nr. 5* von Lou Bega. Bald waren die Shirts ausgezogen, und eine Polonaise zog durch den Raum. Die Türen gingen auf, und verwirrte Fans von Manchester United, die ebenfalls im Hotel abgestiegen waren und von der lauten Musik angelockt wurden, schlossen sich uns an. Offenbar waren die englischen Spieler bereits zu Bett gegangen. Egal. An diesem Abend war jeder willkommen.

Irgendwann in den frühen Morgenstunden torkelte ich aufs Zimmer. In der Lobby stand Markus und rauchte eine. Er lächelte mir zu. Aus der schlimmsten Niederlage unserer Karrieren war die schönste Partynacht geworden, die ich als Spieler je erlebt hatte. So blieb uns dieses großartige, schreckliche, seltsame Finale in Erinnerung. Wenn mich also Jahre später Journalisten fragten, ob sich nach diesem Finale etwas geändert hat, dann sagte ich bloß: Ja. Und lächelte.

Wie du aus jedem Jahr dein bestes machst:

Feiere deine Niederlagen

Woran glaubst du zu erkennen, dass die besten Jahre vorbei sind? Du wirst seltener eingeladen. Deine Hilfe wird nicht mehr so oft benötigt. Du erweist dich nicht als so unersetzbar, wie du vielleicht gedacht hast. Vorhaben, die du anpackst, gelingen nicht mehr mit derselben Selbstverständlichkeit wie früher. Bewegungen, über die du bisher nicht mal nachgedacht hast, tun plötzlich weh.

Besonders aber ertappst du dich dabei, dass du öfter an früher denkst. An die guten alten Zeiten. Du erinnerst dich an die Triumphe und fühlst diesen süßen Schmerz, weil du weißt, sie kommen nicht wieder.

Moment. Süßer Schmerz? Woran denken wir dabei? Wir denken an die größte Niederlage unserer Karriere. An die bittere 1:2-Niederlage gegen Manchester United. Und an die wunderbare Feier, die folgte. Dieser Abend lehrte uns: Wichtiger als jedes Ergebnis, ob gut oder schlecht, ist die Arbeit, die ihm vorangeht. Genieß, was du tust, egal was dabei herauskommt.

Das funktioniert besser, wenn du etwas tust, was du gerne tust. Wenn du merkst, du denkst während einer Tätigkeit nur an das, was dabei herauskommt, und kannst kaum erwarten, dass sie endlich vorbei ist – dann hör auf. Hör sofort auf mit dem, was du tust.

In deinen besten Jahren machst du Dinge, die du genießen kannst. Und Genuss bedeutet, im Moment aufzugehen. Wir beide waren als Fußballspieler ehrgeizig, wollten jedes Spiel gewinnen, anders geht es nicht auf

dem höchsten Level. Aber wenn erst mal angepfiffen war, kümmerten wir uns nicht mehr um Ergebnisse, Spielstände, Trophäen. Wir wollten einfach spielen. Wir haben dieses Spiel geliebt, jede Minute davon, so schmerzlich sie auch war, und lieben es immer noch. Genauso kannst du es lieben, mit deinen Freunden Karten zu spielen. (Tatsächlich bereitet das Mario heute größere Freude als jedes Fußballspiel.) Dabei ist es egal, wer gewinnt und wer verliert. Die Freude am Spiel ist es, die zählt. Oder du liebst das Gärtnern. Oder Möbel zusammenbauen. Bilder malen. Egal was, solange du die Arbeit genießen kannst und nicht darauf aus bist, den größten Baum zu pflanzen, den schönsten Sessel zu zimmern oder ein neuer van Gogh zu werden.

Sei dankbar für deine Niederlagen. Denn sie zeigen dir, was wirklich zählt: die Momente davor. In denen du ganz in dem aufgehen kannst, was du tust. Ohne darüber nachzudenken, wohin es führen wird. Wenn dir das gelingt, spielt es keine Rolle mehr, in welchen Jahren du mehr Erfolge gesammelt hast. Die Erfolge werden dir nicht mehr so wichtig sein. Das Tun selbst wird zum Zentrum deines Glücks. Wenn du das begriffen hast, wird jedes Jahr dein bestes werden.

Kapitel 5

Heimkommen

Während unserer besten Jahre haben wir meist das Gefühl, uns in der Mitte des Geschehens zu befinden. Wir sind die Hauptakteure unserer eigenen Geschichte. Nichts läuft an uns vorbei. In den besten Jahren sind wir für nichts zu alt oder zu langsam oder zu schwach. Jede Herausforderung ist eine Einladung, uns zu beweisen, sowohl privat als auch beruflich.

Es ist nicht einfach zu erkennen, wann die besten Jahre vorüber sind. Selten gibt es einen klar definierten Punkt. Und doch kündigt sich der Anfang vom Ende schleichend an. Eben wenn uns das Gefühl überkommt, nicht mehr ganz dabei zu sein. Nicht mehr mithalten zu können. Wenn du nicht mehr daran denkst, wie du besser werden kannst, sondern dich bemühst, dein Niveau zu halten. Oder dich gar die Angst packt, schlechter zu werden.

Für uns begann diese Phase bereits vor unserem offiziellen Karriereende. Davon wollen wir in diesem Kapitel erzählen. Mario war zu seinem Heimatverein, dem 1. FC Kaiserslautern, zurückgekehrt. Dort war die Welt eine völlig andere. Noch schnürte Mario jedes Wochenende seine Fußballschuhe in der Bundesliga, doch er ahnte, dass sich diese Zeit langsam dem Ende zuneigte. Markus erfüllte sich einen großen Traum

und wechselte zum berühmten FC Liverpool in England. Sein erstes Jahr wurde zu einem magischen. Alles schien perfekt. Bis er eine Müdigkeit bemerkte, die er nicht mehr loswurde. Trainings verwandelten sich in Torturen. Danach lag er stundenlang zu Hause auf der Couch und konnte sich nicht mehr bewegen. Was war geschehen? Was passierte mit ihm? Mit einem Mal war seine Karriere in Gefahr. Seine besten Jahre standen vor einem abrupten Ende.

Wir alle durchlaufen Phasen, in denen sich Veränderungen ankündigen. Wir können uns dafür entscheiden, die Augen fest zu verschließen und diese unabwendbare Tatsache zu ignorieren. In diesem Fall wird uns das Leben früher oder später die Rechnung präsentieren.

Oder wir lernen, uns mit dieser Veränderung anzufreunden. Wie das gelingen kann, davon wollen wir hier berichten.

Mario

HERBSTBEGINN

Nach meiner Freistellung beim FC Bayern schien eine Rückkehr nach Kaiserslautern ein logischer Schritt zu sein. Als kleiner Junge hatte ich dort zum ersten Mal ein Bundesligaspiel gesehen und den Wunsch entwickelt, selbst eines Tages im Trikot des FCK zu spielen. Bei den Roten Teufeln vom Betzenberg feierte ich mein Bundes-

ligadebüt. Und mit Otto Rehhagel, der Kaiserslautern 1998 sensationell zum Titel geführt hatte, war mein Förderer auf dem Trainerposten. Kein anderer Trainer verstand mich so, wie Otto es tat.

Doch die turbulenten vergangenen Monate hatten ihre Spuren hinterlassen. Auch war es nicht einfach, sich mitten in einer Saison in einer neuen Mannschaft einzufinden. Ich brauchte eine Weile, um anzukommen. In der Rückrunde konnte ich endlich an alte Leistungen anknüpfen. Ich bereitete acht Tore vor und schoss eines selbst. Wir beendeten die Saison auf Rang 5.

Gerade als ich mich angekommen fühlte, begannen die Probleme. Die nächste Saison starteten wir mit zwei Niederlagen am Stück. Am siebenten Spieltag waren wir nur einen Platz vor der Abstiegszone entfernt und spielten gegen den Tabellenletzten Energie Cottbus ein grottenschlechtes 1:1. Schon in den Wochen davor sah ich Otto ratlos über den Platz schlendern. In diesem Spiel versuchte er seine Mannschaft nach vorne zu peitschen, rutschte dabei aus und ging zu Boden. Ein symbolisches Bild. Es tat mir leid, nicht eingreifen zu können, aber seit Saisonbeginn plagten mich Verletzungen.

Am nächsten Tag war Otto Rehhagel, wohl der legendärste Trainer, den Kaiserslautern je hatte, Geschichte. Der Fußball zeigte sein brutales Gesicht. Ihn ersetzte ein Gespann aus meinem ehemaligen Nationalteamkollegen Andi Brehme und Reinhard Stumpf. Tatsächlich verliefen die nächsten Spiele erfolgreicher, bei Anbruch der Winterpause standen wir wieder auf dem 5. Platz.

Doch ich war mit meiner eigenen Leistung unzufrieden. Als ich gegen Schalke beim Stand von 0:2 ausgewechselt wurde und die Fans das mit Buh-Rufen begleiteten, konnte ich mich nicht zurückhalten. Ich hob die Hände und klatschte ironisch lächelnd Beifall.

Das kam bei den Verantwortlichen schlecht an. Aber diese Reaktion war einer Tatsache geschuldet, die ich nicht leugnen konnte: Ich wurde älter. Mittlerweile war ich 32 Jahre alt, und mein Körper forderte den Tribut einer langen und intensiven Karriere. Innerhalb eines Jahres hatte ich zwei schwere Bänderverletzungen überstanden, eine Knochenentzündung im Sprunggelenk und eine Zahn-OP. Beinahe nach jedem Training tat mir etwas weh. Das Laufen fiel mir so schwer wie noch nie.

In Kaiserslautern hatte ich noch einmal beweisen wollen, was in mir steckte. Nach der unrühmlichen Trennung vom FC Bayern wollte ich noch einmal durchstarten. Mir war bewusst, dass ich mit Kaiserslautern nicht mehr um den Meistertitel mitspielen oder ein Champions-League-Finale erleben würde. Dafür lauerten bei unseren Trainings keine fünfzig Reporter, wie das noch in München der Fall gewesen war, und folgten mir in Restaurants bis zu den Toiletten, um am nächsten Tag über die Anzahl der Kippen zu schreiben, die ich geraucht hatte. In Kaiserslautern konnte ich mit alten Freunden in eine Kneipe gehen, ohne Probleme zu bekommen. Überhaupt war das Leben hier unaufgeregter, und das brachte auch mir eine neue Ruhe. Eigentlich waren die Voraussetzungen gut, doch als die

Winterpause kam, musste ich eine Entscheidung treffen. Ich konnte so weitermachen wie bisher, als wäre nichts gewesen, als wäre ich noch der Mario Basler, der im Champions-League-Finale gegen Manchester United das Führungstor erzielt hatte. Oder ich akzeptierte, dass eine neue Phase meiner Karriere angebrochen war. Eine Phase, in der ich nichts als selbstverständlich hinnehmen durfte. In der ich für jeden kleinen Erfolg hart kämpfen musste. Ich musste akzeptieren, dass ich im Herbst meiner Karriere angelangt war.

Der Super-Mario der Bayern steckte noch in mir, daran hatte ich keinen Zweifel. Ich musste nur härter an mir arbeiten, um ihn wieder hervorzuholen. Also verzichtete ich in diesem Jahr auf meinen Winterurlaub und engagierte einen eigenen Fitnesstrainer, der mich so lange quälte, bis mich Mordgedanken umtrieben. Doch die Schufterei lohnte sich, denn meine Laktatwerte waren nach dem Winter so gut wie nie zuvor in meiner Karriere. Mein Körper fühlte sich besser an als mit Mitte zwanzig, dabei war ich Anfang dreißig. Außerdem nahm ich mir vor, mehr Geduld zu zeigen und auf meine Gelegenheiten zu warten. Und sie sollten kommen.

Wir starteten nicht besonders gut in die Rückrunde, aber mit meinen eigenen Leistungen konnte ich zufrieden sein. In jedem Spiel strahlte ich Präsenz aus. Keine Rede mehr davon, dass ich in der zweiten Hälfte erschöpft ausgewechselt werden musste. Keine Verletzungen, die mich stoppten. Sechzehn Spiele am Stück absolvierte ich über die vollen neunzig Minuten. Zum

ersten Mal in meiner Bundesligakarriere stand ich so lange hintereinander auf dem Platz. Im Rückspiel des UEFA-Cup-Viertelfinales gegen PSV Eindhoven schoss ich per Elfmeter das 1:0, das uns in die nächste Runde brachte. Die nächsten Spiele verliefen nicht zu unseren Gunsten. Nach einer Niederlagenserie landeten wir in der Bundesliga am Ende nur auf Platz 8. Im UEFA-Cup-Halbfinale schieden wir nach zwei Spielen mit einem Gesamtscore von 2:9 gegen Deportivo Alavés aus.

Doch ich selbst spürte, wie meine alte Spielfreude zurückkehrte. Ich fand meinen Namen nicht mehr so oft in der *BILD* im Zusammenhang mit nächtlichen Abenteuern, sondern im *Kicker*, wenn es um den Spieler der Runde ging. Das war mir nur recht. Hier in Kaiserslautern hatte ich mich nicht nur als Fußballer verändert, sondern auch als Mensch.

Zu Beginn der Saison 2001/2002 zeigte ich, wozu ein fitter Mario Basler noch immer in der Lage war. Wir gewannen die ersten sieben Spiele, hatten 21 Punkte auf dem Konto und waren Tabellenerster, fünf Punkte vor dem großen FC Bayern. Ich hatte endlich verstanden, wer ich sein wollte. Wenn ich einmal aufhörte, und dieser Moment war mittlerweile in Sicht gekommen, dann wollte ich nicht, dass sich die Menschen an meine Sprüche und Partynächte erinnerten. Sondern an meine Tore, an meine Vorlagen, an meine Dribblings. Daran arbeitete ich in Kaiserslautern.

Dabei kam der Spaß am Spiel wieder zurück, der mir in den vergangenen Jahren immer wieder mal abgegan-

gen war. In einem Spiel nutzte ich eine kurze Unterbrechung dazu, um mit einem jungen Rollstuhlfahrer, der wie alle Rollstuhlfahrer ganz nahe am Spielfeld sitzen durfte, Kopfbälle zu üben. Die Fans jubelten, als hätte ich ein Tor geschossen. Bei einem anderen Spiel nutzte ich eine Verletzungspause, um mit einem der Rollstuhlfahrer ein wenig zu plaudern. Auf seinem Kopf saß ein Pepitahut, so ein altmodischer, karierter Schlapphut. Ich schnappte ihn mir, setzte ihn auf und ging zur Eckfahne, um die Ecke zu treten. Der Linienrichter sah mich nur verzweifelt an. »Bitte nicht«, stammelte er. Also brachte ich den Hut zurück. Wir gewannen das Spiel 5:1.

Solche Aktionen wären mir nie eingefallen, wenn ich mich nicht wohlgefühlt hätte. Ich hatte Ruhe und Selbstsicherheit gewonnen. Sie basierten nicht nur auf meinen fußballerischen Qualitäten, von denen ich seit jeher überzeugt war, und auf meinen Erfolgen. Sie basierten auf dem Umstand, dass ich hart gekämpft hatte, um in diese Form zu kommen. Ich war stolz darauf, mit 32 Jahren noch immer Spiele bestimmen zu können und ein Schlüsselspieler meiner Mannschaft zu sein. Auch wenn die meisten Fans meine besten Jahre wohl beim FC Bayern sahen, fühlten sich diese nicht schlechter an. In manchen Fällen sogar besser, war ich doch befreiter.

Trotz guter Leistungen endete die Saison nach einem schwachen Endspurt auf dem enttäuschenden siebenten Platz. Ich ging in mein letztes Vertragsjahr bei Kaiserslautern, hatte mich zu einem absoluten Leistungs-

träger entwickelt, fühlte mich fit und hatte Spaß am Spiel wie in meinen besten Tagen. Ich freute mich auf die neue Saison. Was konnte schon schiefgehen?

Markus
DER PREIS DER VERÄNDERUNG

Der salzige Geruch der See lag in der Luft, angeschwemmt vom Fluss Mersey, der sich von der Irischen See durch die Stadt zog. Zwischen den Pflastersteinen mischte sich sein Duft mit dem Fett der Fish-&-Chips-Buden. Das Wetter war meist grau und kontrastierte mit dem saftigen Grün der vorbildlich gepflegten Parks und Rasenanlagen. Bereits in meinen ersten Wochen konnte ich sehen: Liverpool war keine Stadt des Luxus. Aber eine, in der ein lebendiges Herz schlug.

Nach fast zehn Jahren beim FC Bayern war es Zeit, etwas Neues zu wagen. Seit dem EM-Triumph von 1996 hatte ich mich in England verliebt.

Als das Angebot vom großen FC Liverpool kam, musste ich nicht lange nachdenken. Im Sommer 2000 packte ich meine Sachen und flog zunächst allein in die Hauptstadt des englischen Fußballs, zumindest wenn es nach den Fans geht, die mit einer fast religiösen Hingabe ihren Verein verfolgen. Meine Frau Sandra und unsere beiden Kinder, Pia und Yannick, blieben zunächst in München.

Ich fand ein schönes Haus in der Nähe des Calderstones Parks, einer weitläufigen Anlage mit einer typisch englischen Villa und einem See in der Mitte. Mein Leben in England brachte genau das, was ich mir ersehnt hatte: Abwechslung. Alles hier war anders. Die Trainings waren intensiver als in Deutschland, jeder Sprint und jede Ballberührung wurden mit lautstarken Kommentaren des Trainerteams bedacht. Während in Deutschland viele Spieler nach Feierabend durch die Clubs zogen (und die Zeitungen mit Geschichten belieferten), hatte der Coach Liverpools, der Franzose Gérard Houllier, eine strikte Anti-Alkohol-Politik eingeführt.

In jedem Hotel sorgte er dafür, dass in den Minibars der Zimmer nichts als Wasser zu finden war. Das war auch bitter nötig, denn so legendär der Ruf des LFC war, zu dieser Zeit sah die Realität weniger rosig aus. Eskapaden der Spieler waren in den vergangenen Jahren keine Seltenheit gewesen. Dazu kamen zwei der größten Katastrophen in der jüngeren Fußballgeschichte. 1985 starben im Brüsseler Heysel-Stadion bei einem Europapokal-Finale gegen Juventus Turin 39 Menschen, nachdem eine Massenpanik ausgebrochen war. Darauf wurde Liverpool für sieben Jahre von allen europäischen Bewerben ausgeschlossen.

Noch schlimmer war die Hillsborough-Katastrophe, die bis heute im kollektiven Gedächtnis des englischen Fußballs eingebrannt ist. 1989 wurden zu viele Karten im Cup-Spiel gegen Nottingham Forest verkauft, was dazu führte, dass zu viele Menschen ins Stadion

drängten. Bei den folgenden Tumulten, als die Menschen versuchten, aus dem Stadion zu gelangen, starben 96 Liverpool-Fans.

Unter dem neuen Trainer Houllier sollten endlich wieder bessere Zeiten ins Anfield, das berühmte Stadion, einziehen. Um das zu erreichen, war ich gekommen. Meine Vorfreude war so groß wie meine Erwartungen. England, das Mutterland des Fußballs. Fantastische Fans, kochende Stadien. Die besten Spieler in der besten Liga der Welt. Für jeden Fußballer ein Traum. Die besten Jahre meines Lebens, nicht weniger erwartete ich mir vom Wechsel auf die Insel.

Die Vorbereitung auf die neue Saison ließ mich Großes erhoffen. Wir hatten eine gute Mischung aus Legionären wie dem abgeklärten Finnen Sami Hyypiä, dem Tschechen Patrik Berger, gegen den ich im Finale der EM '96 gespielt hatte und der über das Feld jagte wie ein Duracell-Hase, oder meinem Landsmann Didi Hamann. Dazu kamen waschechte Scouser-Boys, etablierte oder kommende Liverpool-Legenden wie Jamie Carragher, Steven Gerrard, Robbie Fowler oder Michael Owen. Unser Fitnesscoach Patrice Bergues brachte mich in die Form meines Lebens. Nicht nur durch individuelle Trainingspläne, sondern auch, weil er stets wusste, wann ich eine Pause brauchte. Die Mischung aus genau abgestimmtem, intensivem Training und Erholung bereitete mich auf den harten englischen Fußball vor.

Am besten gefiel mir jedoch, wie sich die volle Konzentration um die wenigen wichtigen Dinge drehte, die

ein Fußballer brauchte. Während das Trainingsgelände von Liverpool damals aussah wie bei einem deutschen Kreisligisten, die Bänke morsch und die Duschen rostig, war der Rasen so perfekt gepflegt, als hätte der Platzwart jeden Grashalm einzeln zugeschnitten. Die Fans achteten nicht so sehr auf das Ergebnis wie auf die Leistung des Teams. So konnte es schon mal passieren, nach einer Niederlage trotzdem Applaus zu bekommen und nach einem Sieg Pfiffe, wenn die Spieler nicht ihr Herz auf dem Platz gelassen hatten. Es war Fußball, wie ich ihn lange gesucht hatte. Nun hatte ich ihn endlich gefunden.

Recht schnell hatte ich mir einen Stammplatz auf der rechten Seite unserer Viererkette erarbeitet. Doch obwohl die Bedingungen so ausgezeichnet waren, wollte mir der Start nicht so recht gelingen. Unser erstes Spiel gewannen wir zwar mit Müh und Not 1:0 gegen Bradford City, doch schon am nächsten Spieltag setzte es gegen den von Arsène Wenger trainierten Arsenal FC eine 0:2-Niederlage. Nicht so sehr das Ergebnis bedrückte mich, sondern die haushohe Überlegenheit der Londoner. Gegen Southampton verspielten wir eine 3:0-Führung und gingen mit 3:3 vom Platz, was sich wie eine Niederlage anfühlte. Uns gelang es zwar, die Tabellenspitze nicht aus den Augen zu verlieren, doch Manchester United und Arsenal waren die besseren Teams, daran war nicht zu rütteln.

Abseits des Platzes war mein Leben noch chaotischer. Sandra und ich hatten uns in den vergangenen Jahren

auseinandergelebt. Daran änderte auch die neue, englische Luft nichts. Nach den harten Trainingseinheiten wollte ich nicht mehr ausgehen, sondern lag meist in mich gekehrt auf dem Sofa. Ich war ohnehin ein wortkarger Mensch, und nun blieben Sandra und mir kaum gemeinsame Aktivitäten. Sie war zunehmend frustriert mit einem Mann, der die meiste Zeit außer Haus verbrachte und in Schweigen verfiel, wenn er endlich heimkam. Und mir fehlte die Kraft, daran etwas zu ändern. Im Herbst kamen wir zum Schluss, dass Sandra mit den beiden Kindern für zwei Wochen nach München zurückkehren sollte. Vielleicht würde uns der Abstand helfen, eine Entscheidung zu finden, wie wir weitermachen konnten.

Damit blieb ich allein in dem großen Haus zurück. Egal wie viele Lichter ich einschaltete, es kam mir düster und trüb vor. Der Herbst brachte tagelangen Nieselregen, der jeden meiner Gedanken und Schritte begleitete, er schlug gegen die Fenster, trommelte auf das Dach und verursachte so ein bedrückendes Hintergrundrauschen. Die besten Jahre meines Lebens waren dabei, sich in die schlimmsten zu verwandeln.

Eines Abends, bevor ich zu Bett ging, stand ich im Badezimmer. Ich putzte mir die Zähne, wusch mir das Gesicht. Als ich aufblickte, sah ich mich selbst im Spiegel über dem Waschbecken. Ich kam mir fremd vor, als hätten sich zwischen dem Gesicht im Spiegel und mir unbemerkt Kilometer geschoben, und ich wusste nicht, wie ich sie überwinden konnte. Doch ich erkannte in diesem Moment, dass mein Glück davon abhing, dieses

Bild und meine Innenwelt miteinander in Einklang zu bringen.

»Hör zu«, sagte ich zu mir, laut und deutlich, damit die Worte die Distanz überbrückten. »Du hast dir das hier anders vorgestellt. Aber was du dir vorgestellt hast, ist egal. Es zählt nur, was jetzt passiert. Du hast zwei Möglichkeiten. Entweder du gehst wieder zurück nach Deutschland und hakst das Kapitel England ab. Oder du stehst morgen auf, fährst zum Training und gibst alles, was du hast. Weil es nicht an der neuen, unbekannten Stadt liegt oder am beschissenen Wetter oder dem schlechten Essen. Es liegt nicht an deinen Mitspielern, deinem Coach oder deiner Frau. Wie du mit dieser Situation umgehst, liegt allein an dir. Schau dich um! Du wohnst in einem tollen Haus, spielst bei einem großartigen Club, kannst dein Geld mit dem verdienen, was dir am meisten Spaß macht. Du hast tolle Kinder, die dich lieben, du und deine Familie sind gesund. Wenn Sandra und du euch trennt, geht das Leben weiter. Millionen Menschen passiert das. Du versinkst zurzeit in einem Sumpf aus Selbstmitleid. Schwimm nach oben, bis du aus diesem Morast draußen bist.«

Nach diesen Worten atmete ich ein paar Mal tief aus und ein, schmiss mir eine Handvoll kaltes Wasser ins Gesicht und legte mich schlafen.

Am nächsten Tag trainierte ich mit einer Energie wie lange nicht mehr. Mein Spiel war so befreit wie noch nie, seit ich einen Fuß auf die Insel gesetzt hatte. Ich

wusste jetzt, die Dinge würden sich ändern, aber es war gut so. Ich konzentrierte mich auf das, was ich beeinflussen konnte. Ich würde mein Bestes geben. Der Rest würde einfach passieren.

Als der Herbst zu Ende ging, trafen Sandra und ich eine klare Entscheidung. Bis zum Ende des Schuljahres würden wir gemeinsam leben, danach würde sie mit den Kindern zurück nach Deutschland gehen. Es war, als hätte jemand im Haus alle Fenster geöffnet. Es gelang uns, wieder zu atmen. Das Licht, das durch die Fenster fiel, verfing sich nicht mehr im Staub unserer Sorgen und Probleme, sondern brachte neues Leben in die Zimmer.

Auf dem Feld spürte ich dieses neue Leben ebenfalls. Immer besser wuchsen wir als Team zusammen. Ein erstes persönliches Highlight war der 3:1-Sieg im Merseyside-Derby gegen den FC Everton. Nur ein Park trennte das Anfield Stadion der Reds, wie Liverpool genannt wurde, und den Goodison Park der Toffees von Everton. Es war eine ganz besondere Rivalität, und daher war es ein ganz besonderer Sieg. Vor allem, weil ich das 2:1 erzielen konnte.

Während wir in der Liga gegen ein übermächtiges Manchester United nicht ankamen und den dritten Platz verteidigen wollten, waren wir in den anderen Wettbewerben nicht aufzuhalten. In England gibt es zwei Pokal-Wettbewerbe, den kleineren Ligacup und den altehrwürdigen FA-Cup, in den Mannschaften aus unterschiedlichen Ligen um den Sieg spielen. Außer-

dem spielten wir uns auch im UEFA-Cup, dem zweitwichtigsten europäischen Wettbewerb, bis ins Finale.

Das erste Finale im Ligacup gewannen wir im Februar gegen den Zweitligisten Birmingham nach einem zähen Spiel, das 1:1 endete, im Elfmeterschießen. Das Finale des ungleich größeren FA-Cups wurde im Mai ausgetragen. Nicht wie sonst im legendären Wembley-Stadion, in dem ich '96 Europameister geworden war und das zu dieser Zeit renoviert wurde, sondern im walisischen Cardiff.

Während in Deutschland der DFB-Pokal vor allem für die Fans des FC Bayern München als Nebensache wahrgenommen wurde und ein Ausscheiden für mehr Aufregung sorgte als der Sieg, kamen 72.000 Zuschauer ins Millennium Stadium, das ein echter Schmuckkasten war. Gegner war FC Arsenal, die wohl den schönsten Fußball in England spielten. Spieler wie Thierry Henry, Patrick Vieira, Robert Pires oder Freddie Ljungberg gehörten zur Spitze ihrer Zunft.

Bei einer Temperatur von dreißig Grad versuchten beide Mannschaften, ihre Kräfte so kontrolliert wie möglich einzusetzen. Ein ums andere Mal lief Arsenal auf unser Tor zu, ihre Kombinationen waren unglaublich schnell und direkt. Doch wir warfen uns mit allem, was wir hatten, zwischen Arsenals Stürmerstar Henry und den Rückstand. Es dauerte bis zur 72. Minute, als wir den Ball hinten nicht rausbekamen und Pires einen Fehlpass abfing. Er schaltete schnell, zog in Richtung Strafraum und bediente mit einem perfekten Pass den

einlaufenden Ljungberg. Der Schwede mit den rot gefärbten Haaren umkurvte unseren Keeper und netzte zum 0:1 für die Gunners ein. Wie sollten wir gegen diese spielerische Übermacht ankommen?

Dann kam die 83. Minute. Freistoß von linker Seite, McAllister brachte den Ball in den Strafraum. Ich wusste, dass ich meinen Gegenspieler Tony Adams überlisten konnte, wenn ich einen Moment früher absprang als er. Ich sah den Ball in hohem Bogen hineinfliegen, wartete, wartete, dann sprang ich ab und schloss die Augen. Das Timing war perfekt. Der Ball sprang von meinem Kopf in die Mitte, wo ihn Michael Owen mit einem akrobatischen Seitfallzieher in die Maschen drosch. 1:1.

Der Gedanke an eine Nachspielzeit erfüllte mich jedoch mit Grauen. Wir hatten uns verausgabt, während Arsenal den Ball das ganze Spiel über laufen ließ. Noch einmal dreißig Minuten würden wir kaum überstehen.

Zwei Minuten vor Schluss bekam Arsenal einen Freistoß auf der Mittellinie zugesprochen. Wir verteidigten mit allem, was wir hatten, im eigenen Strafraum. Bloß Michael Owen wartete an der Mittellinie auf einen Konter. Wir klärten den Ball, Patrik Berger nahm ihn sich in der eigenen Hälfte und schickte mit einem langen Abschlag Owen auf die Reise. Martin Keown und Tony Adams bildeten Arsenals Restverteidigung, doch gegen die Schnelligkeit von Owen hatten sie keine Chance. Er hängte Keown ab, zog an Adams vorbei in den Strafraum und versenkte den Ball mit einem satten Schuss im langen Eck. 2:1 für uns, Schlusspfiff, FA-Cup-Sieger!

Die Fans brüllten sich die Seele aus dem Leib, wir lagen uns in den Armen. Als wir in die Kabine kamen und uns nach dem kalten Bier sehnten, holte uns Coach Houllier auf den Boden zurück: »Zwei Bier für jeden, dann ist Schluss!« Wir hatten in dem Jubel vergessen, dass in nur vier Tagen das nächste Endspiel stattfinden würde. Houllier tat alles, um uns matchfit zu halten.

Im Westfalenstadion von Borussia Dortmund (dem deutschen Äquivalent zur Anfield Road des FC Liverpool) fand das Finale des UEFA-Cups statt. Gegner war ein spanisches Team, das vor dieser Saison niemand auf dem Zettel gehabt hatte: Deportivo Alavés. Im Halbfinale hatten die Spanier den 1. FC Kaiserslautern (mit Mario Basler) aus dem Bewerb geschmissen. Kaum ein Spieler der Spanier war bekannt, bis auf ihren Spielmacher Jordi Cruyff, der Sohn des großen Johan Cruyff. Doch wir waren gewarnt. Niemand stolpert einfach so in ein Finale.

Für mich war dieses Jahr ein entscheidendes in meinem Leben gewesen. In etwas mehr als einem Monat würde das Schuljahr zu Ende sein und damit auch meine Beziehung zu Sandra. Wie die Zukunft aussehen würde, wusste ich nicht. Doch ich hatte in den vergangenen Monaten gelernt, wie wenig es brachte, über Dinge nachzudenken, die ich nicht in der Hand hatte. Ich konnte bloß mein Bestes geben und die Hoffnung bewahren. Mit dieser Einstellung konnte dieses Jahr trotz aller Rückschläge eines der besten meines Lebens werden. Der Gewinn des Triples, also der drei Pokale, wäre

ein historischer Erfolg. Für mich war dieses Finale auch insofern besonders, weil es in meiner Heimat Deutschland stattfand. Meine Familie und meine Freunde waren vor Ort. Diesen Triumph würden wir gemeinsam feiern, das war meine größte Motivation.

Bereits in der vierten Minute schlug McAllister einen Freistoß von rechts in den Strafraum, ich lief ein, setzte mich von meinem Gegenspieler ab und wuchtete den Ball ins Tor. Was für ein Start! In der 16. Minute stellte Gerrard nach tollem Zuspiel von Owen auf 2:0. Selbst als in der 26. Minute Alavés auf 1:2 verkürzte, steckten wir nicht zurück. Kurz vor der Halbzeit legte der gegnerische Keeper im Strafraum Michael Owen, und McAllister verwandelte den Elfmeter zum 3:1. Wir waren in allen Belangen überlegen. Der Titel schien uns sicher.

Doch Fußball war und ist so verrückt wie sonst nur das Leben selbst. Kurz nach dem Anpfiff setzte sich ein Alavés-Spieler auf der Seite durch, seine Flanke bugsierte Nummer 9 und Top-Torjäger Javi Moreno zum Anschlusstreffer in den Kasten. Keine drei Minuten später donnerte er einen Freistoß unter der Mauer hindurch und an unserem verdutzten Keeper vorbei zum Ausgleich. 3:3, das Spiel begann von vorne. Würden wir den sicher geglaubten Sieg noch aus der Hand geben?

Im Fußball, wie auch im Leben, sind jene Momente entscheidend, in denen wir auf Veränderungen reagieren müssen. In der Halbzeitpause hatten wir uns wie die sicheren Sieger gefühlt. Innerhalb von wenigen Minuten war das Spiel auf den Kopf gestellt worden. Nun gab

es zwei mögliche Ausgänge. Alavés konnte uns mit dem neu gewonnenen Glauben an sich selbst überrennen. Oder wir bekamen unsere Köpfe wieder klar, schüttelten die Gegentore ab und fanden zurück in unser Spiel.

Und genau das taten wir. Mit jeder Minute gewannen wir die Hoheit über dieses Spiel zurück. In der 73. bekam Robbie »Fußballgott« Fowler, von den Liverpool-Fans geliebt wie kaum ein anderer, den Ball an der Strafraumgrenze. Fowler gehörte noch zum alten Schlag, er war dabei gewesen, als die Liverpool-Spieler mehr Promille als Punkte sammelten. Er war zwar erst 25 Jahre alt, doch dieses exzessive Leben hatte Spuren hinterlassen. Physisch kam er seinen Sturmpartnern Michael Owen und Emile Heskey nicht nach und musste sich immer öfter mit der Rolle als Wechselspieler begnügen. Doch in diesem Spiel waren es einmal mehr jene von uns, die gelernt hatten, Veränderungen zu akzeptieren und ihre neue Rolle anzunehmen, die entscheidende Aktionen setzten. Fowler zog nach innen und schloss trocken ins lange Eck ab. 4:3, wir lagen wieder in Führung und waren so gut wie durch.

Doch im Fußball zählten keine Wahrscheinlichkeiten, noch etwas, was er mit dem Leben gemeinsam hat. Zwei Minuten vor Schluss bekam Alavés eine Ecke, Jordi Cruyff stieg am kurzen Eck hoch und köpfte den Ball am herauskommenden Keeper vorbei ins Netz. 4:4, Verlängerung.

Resignation? Fehlanzeige. Wir klatschten uns ab. In jedem Gesicht stand die Gewissheit geschrieben, dass

wir dieses Spiel heute nicht mehr verlieren würden. Alavés gingen die Kräfte aus. In der Verlängerung flogen zwei Spieler der Spanier vom Platz. Mit neun Mann versuchten sie irgendwie bis ins Elfmeterschießen zu kommen. In der 115. Minute war es einmal mehr Gary McAllister, der einen Freistoß von links gefährlich in den Strafraum brachte. Der spanische Verteidiger Geli versuchte zu klären, verlängerte den Ball allerdings unglücklich über seinen eigenen Keeper hinweg. Eigentor, 5:4, Golden Goal, damit war das Spiel vorbei. Und wir waren UEFA-Cup-Sieger 2001.

Eines der spannendsten Finals in der Geschichte des europäischen Fußballs war zu Ende gegangen. Wir hatten den dritten Titel in Folge gewonnen. Nicht weil wir immer die beste Mannschaft gewesen waren. Sondern weil es uns gelang, mit Rückschlägen und Veränderungen am besten umzugehen. Wir waren zu einem eingeschworenen Haufen geworden. Wir ließen unsere Köpfe nie hängen, sondern blickten stets nach vorne. Wir wussten, dass jeder Sieg und jede Niederlage von unserer Leistung abhingen. Von nichts und niemandem sonst. Wir übernahmen Verantwortung. Und spielten eine unglaubliche Saison, die vielleicht die bisher schönste meines Lebens war.

Als ich den Titel in Dortmund mit meiner Familie feierte, wusste ich: Wie schwierig es auch werden würde mit Sandra und mir, mit unseren Kindern, denen wir die Trennung erst beibringen mussten, am Ende würde es gut werden. Mein neues Leben in Liverpool hatte gera-

de erst begonnen. Nur wenige Tage später schlugen wir am letzten Spieltag der Premier League Charlton Athletic mit 4:0. Das bedeutete, wir würden nächstes Jahr in der Champions League spielen können, dem größten aller europäischen Wettbewerbe. Die Abschlussfeier mit den Fans fand nicht, wie ich das aus Deutschland vom Marienplatz oder dem Frankfurter Römer kannte, auf dem Hauptplatz von einem Balkon herunter statt. Wir fuhren stattdessen mit einem offenen Doppeldeckerbus durch die Stadt.

Zunächst fand ich das seltsam. Ohnehin müde, weil wir die Nacht durchgefeiert hatten, fragte ich mich, wie bei einer Bustour Stimmung aufkommen sollte. Doch kaum war ich eingestiegen, verstand ich, warum wir einen Bus brauchten. Die Menge, die uns zujubelte, hätte auf keinen Platz gepasst. Eine Million Menschen in Rot, 400.000 mehr, als in Liverpool lebten. Von überallher waren sie gekommen, um mit uns zu feiern. Ein einziges Meer aus Glück flutete die Stadt, und wir schwammen mittendurch.

Als ich nach Hause kam, überfiel mich die aufgestaute Müdigkeit einer ganzen Saison. Ich hatte mehr Spiele absolviert als jeder andere meiner Kollegen. Die Anstrengung gipfelte in drei Tagen, die ich fast durchschlief, ein Tag für jeden Titel. Als ich am vierten Tag aus dem Bett kroch, das Kopfweh lichtete sich langsam und die Muskelschmerzen waren erträglich geworden, begrüßte ich ein neues Leben. Ich war jung, erfolgreich und gesund. Liverpool war zu meiner neuen Liebe

geworden. Was auch immer kam, ich würde damit fertigwerden. Keine Veränderung konnte mir Angst machen. Meine besten Jahre hatten gerade erst begonnen.

Mario

DIE WETTE

Die vergangene Saison hatten wir auf Platz 7 beendet, ich hatte mit guten Leistungen bewiesen, dass ich noch immer den Unterschied ausmachen konnte. Ich fühlte mich auf dem Betzenberg wohl. Unsere Ziele waren klar, wir wollten wieder um europäische Plätze mitspielen. Ich selbst wollte die Leistungen aus der Vorsaison bestätigen und meinen Vertrag, der nach dieser Saison auslief, verlängern.

Doch bereits im Sommer 2002 gab es erste Veränderungen, deren volle Auswirkungen erst später klar wurden. Die Führung des Vereins wechselte. Die Saison war noch keinen Monat alt, da musste auch Coach Andi Brehme gehen. Mein Kapitänsamt war noch vor dem ersten Spiel weg. Statt vorne mitzuspielen, fanden wir uns bald auf Platz 17 wieder und damit in der Abstiegszone. Es zogen neue Zeiten auf, so viel war klar.

Als wir nach 14 Spieltagen am Tabellenende standen, sah ich mich mit einer neuen Situation konfrontiert: dem Abstiegskampf. Das war ein Kampf ums Überleben. Psychologisch völlig anders als um eine Meister-

schaft zu spielen. Es erforderte auch andere Tugenden. Spielst du um den Titel, muss die Mannschaft in jedem Match ihr Spiel aufziehen können. Im Abstiegskampf mussten wir um jeden Zentimeter Rasen kämpfen. Tore zu schießen, schöne Dribblings, das alles war keine Selbstverständlichkeit mehr. Für mich eine völlig neue Erfahrung.

Für erfolgsverwöhnte Spieler konnte es zu einem Problem werden, sich zu motivieren, nach drei Niederlagen am Stück im vierten Spiel erneut alles zu geben. Wieder stand ich vor einer Veränderung, einer Entscheidung, was für ein Typ ich sein wollte. Die Lockerheit war verschwunden. Späßchen an der Eckfahne waren nicht mehr gefragt. Abstiegskampf bedeutet Plackerei, Woche für Woche den Karren aus der Scheiße ziehen. Ich war 35 Jahre alt. Wollte ich mir das alles antun?

Ich wollte. Ich musste. Immerhin war ich Teil dieses Teams. Ich hatte Pflichten und Aufgaben. Vor zehn Jahren hätte ich vielleicht nicht so gedacht, aber ich war nicht nur als Spieler reifer geworden, sondern auch als Mensch. Was nicht hieß, dass ich mit meiner Meinung hinterm Berg hielt. Als wir nach der Hinrunde auf dem letzten Platz standen, fünf Punkte vom rettenden Ufer entfernt, rief ich bei der *Sport-Bild* an und schlug eine Wette vor. Ich setzte 10.000 Euro darauf, dass wir den Klassenerhalt schaffen würden. Die Resonanz war riesig. Vom Elektriker, der zweihundert Euro setzte, bis zu Promis wie Jürgen Drews nahmen hunderte Menschen die Wette an. Zu dieser Zeit kämpfte ich nicht nur auf

dem Platz, sondern auch in der Kabine. Finanziell waren es turbulente Zeiten für die Roten Teufel, weswegen ich meine Mitspieler überredete, auf Prämien zu verzichten, um so dem Verein zu helfen.

Diese Wette war auch eine Wette mit mir selbst. Würde ich, was immer auch passierte, meinen Teil beitragen? Konnte ich meine Disziplin und meine Verantwortung einbringen, selbst wenn der neue Trainer, der Belgier Eric Gerets, nicht mehr auf mich setzte?

Gemeinsam mit dem neuen starken Mann bei Kaiserslautern, dem Schweizer Geschäftsmann René C. Jäggi, zog er sich vor Spieltagen gern mit ein paar Flaschen Wein in ein Zimmer zurück, um die Taktik zu besprechen. Die sah so aus, dass ich mich meist auf der Bank wiederfand. Den Ball sah ich meist von dort aus.

Diese Wette war Antrieb für mich. Was auch immer das Leben für mich bereithielt, ich wollte alles geben, um mein Ziel zu erreichen und mit Kaiserslautern in der 1. Liga zu bleiben. Ich wollte zumindest in diesen harten Tagen einen persönlichen Triumph einfahren.

In der Rückrunde kam ich auf neun Einsätze, nur zwei davon über die vollen neunzig Minuten. Trotz der verkorksten Saison kamen wir im DFB-Pokal bis ins Finale, wo wir auf die Bayern trafen. Zu diesem Zeitpunkt war mir bereits klar, dass mein Vertrag auslaufen würde. Meine Zeit am Betzenberg war vorbei. In der Halbzeit stand es 3:0 für die Münchner, doch Gerets ließ mich auf der Bank. An einer standesgemäßen Verabschiedung hatte er offenbar kein Interesse.

In meiner Karriere hatte es immer wieder Rückschläge gegeben. Ein ums andere Mal hatte ich mich zurückkämpfen und neu beweisen müssen. Doch diesmal spürte ich, dass etwas tatsächlich zu Ende ging. Von der Leichtigkeit, die ich in meinen vergangenen Jahren in Kaiserslautern verspürt hatte, war nichts übrig geblieben. Die Fahrten zum Training spulte ich mechanisch ab. Ich erfüllte meine Pflicht, was mich funktionieren ließ, mehr aber auch nicht.

Mit dem Verschwinden der Leichtigkeit kehrten die Schmerzen zurück. Ich hatte meinen Körper jahrelang geschunden, und er präsentierte mir nun seine Rechnung.

Als ich nach Kaiserslautern kam, hatte ich mich noch einmal auftrainiert, doch damals hatte mir die Zukunft bei meinem Jugendverein Motivation und Hoffnung gegeben. Beides fehlte nun.

Mit Zufriedenheit erfüllte mich zumindest, dass wir am Ende der Saison auf Platz 14 landeten und nicht abstiegen. Ich hatte mich mit der neuen Situation abgefunden und meine Aufgaben erfüllt, ob auf dem Feld oder der Bank. Auch das war eine Art der Verantwortung, die ich in den vergangenen Jahren gelernt hatte. Die Wette gewann ich also. Doch was jetzt?

Nach dem letzten Spiel stand ich vor einem neuen Abschnitt meines Lebens. In der Bundesliga würde ich nicht bleiben. In die zweite Liga zu gehen, dazu hatte ich keine Lust.

Was blieb übrig?

Da kam eines Tages mein Berater Roger Wittmann zu mir. »Roger, wie geht es weiter?«, fragte ich ihn. »Kaiserslautern will mich in die Wüste schicken.«

Roger schien in keiner Weise beunruhigt. Stattdessen beugte er sich ein wenig näher zu mir und lächelte. »Mario«, sagte er, »was hältst du dann davon, in die Wüste zu gehen?«

Markus

DER GRÖSSTE KAMPF

Als ich die Augen aufschlug, brannte jeder einzelne Muskel. Mein Körper lag schlaff auf der Couch, alle Energie war aus ihm gewichen. Als ich aufstehen wollte, sandte mein Gehirn die nötigen Befehle nur verzögert an meine Gliedmaßen. Ächzend erhob ich mich und wankte ins Badezimmer.

Es war der Sommer des Jahres 2001. Vor wenigen Monaten hatte ich noch mit Liverpool den FA-Cup, den League-Cup und den UEFA-Pokal gewonnen und war durch die Menge von einer Million feiernder Menschen gefahren. Meine Frau Sandra und ich hatten uns endgültig getrennt, sie war mit den Kindern zurück nach Bayern gezogen. Ich hatte mein Training wieder aufgenommen, bereit, mit Liverpool um den Titel mitzuspielen und in der Champions League anzugreifen. Doch die Einsamkeit machte mir zu schaffen. Das Haus

war leer und still. Wenn ich kochte, das Geschirr wusch oder aufräumte, hielt ich manchmal inne, weil ich etwas zu hören meinte, ein Lachen oder ein Rufen, aber da war nie etwas.

War das der Grund, warum ich nach jedem Training mindestens zwei Stunden auf dem Sofa im Wohnzimmer lag und wie tot schlief? Die vergangene Saison war anstrengend gewesen, doch ich hatte ein paar Wochen Urlaub gehabt. Gewöhnlich reichte das, damit ich mit neuer Energie in die Vorbereitung gehen konnte. Nicht dieses Jahr. Meinen Körper schleppte ich mit mir herum. Noch bevor ich zu einem Sprint ansetzte, schrie mein Gehirn ächzend auf. Hatte mein neuer Lebenswandel damit zu tun? Ich war nie ein Partylöwe gewesen, doch Liverpool war die Stadt der tausend Pubs, noch dazu war ich Fußballprofi und Single. So blieb ich nun häufiger in einem der mit Fußballtrikots geschmückten, holzvertäfelten, schummrig beleuchteten Pubs oder dröhnenden, von Stroboskoplicht gefluteten Clubs bis in die frühen Morgenstunden, um meine Einsamkeit zumindest für ein paar Stunden zu vergessen. Aber etwas in mir weigerte sich, daran zu glauben. Eine Stimme in mir flüsterte, dass etwas anderes mit meinem Zustand zu tun hatte. Doch ich drängte die Stimme in den Hintergrund und quälte mich durch die Tage.

Bis wir im Supercup-Finale gegen den Sieger der Champions League antraten, meinen Ex-Verein Bayern München. Das Spiel fand im Stade Louis II in Monaco statt. An diesem Tag musste ich auf meiner Seite

gegen den energiegeladenen und nimmermüden Hasan Salihamidžić verteidigen. Bereits zur Halbzeit hätte ich ein Sauerstoffzelt benötigt und mindestens eine Woche darin liegen wollen, doch ich biss die Zähne zusammen. Zum Glück führten wir bereits zur Pause durch Tore unserer norwegischen Neuverpflichtung John Arne Riise und Emile Heskey 2:0. Kurz nach Wiederanpfiff gelang Michael Owen das dritte Tor. Obwohl die Bayern am Ende noch mal stark zurückkamen, reichten die Tore von Salihamidžić und Carsten Jancker nicht aus. Wir gewannen 3:2 und waren Supercup-Sieger. Die Krönung einer grandiosen Saison und der perfekte Start in die neue. Dachte ich zumindest.

Als ich mich vom Feld schleppte, ging ich nicht in die Kabine meiner Mannschaft. Sondern in jene des FC Bayern. Dort suchte ich nach einem bekannten Gesicht. Die schlauen Augen von Dr. Hans-Wilhelm Müller-Wohlfahrt glitten an mir herunter. »Markus«, begrüßte mich mein ehemaliger Teamarzt, »du siehst furchtbar aus.«

Ich erzählte Mull, wie ich mich fühlte. Er bestellte mich gleich am nächsten Tag in seine Ordination. Nach einer kurzen Untersuchung kannte er die Ursache für meine Müdigkeit: das Epstein-Barr-Virus, das unter anderem Auslöser des Pfeifferschen Drüsenfiebers sein kann. »Du weißt, wie man diese Krankheit nennt?«, fragte er.

Als er es mir sagte, fühlte ich mich wieder wie ein kleiner Junge. Die so genannte »Kuss-Krankheit« wurde durch Speichel übertragen. Womöglich hatte ich mich

bei einem meiner Ausflüge in die Liverpooler Clubszene angesteckt.

So großartig die englische Fußballkultur auch war, medizinisch hing sie der deutschen um einige Jahre nach. Also ersuchte ich bei Liverpool um Erlaubnis, in München bleiben zu können. Täglich bekam ich Infusionen, und mehrmals die Woche besuchte ich einen Immunologen. Nach ein paar Wochen durfte ich nach England zurück.

Doch die Krankheit hatte ihre Spuren hinterlassen. Ich war nicht mehr so schnell, nicht mehr so ausdauernd, im Zweikampf nicht mehr so standhaft wie davor. Wochenlang schuftete ich in Einzeltrainings, während meine Kollegen in der Liga und in der Champions League um den Titel kämpfen und auch vorankamen. Was mir blieb, war ein Platz auf der Tribüne oder vor dem Fernseher.

Die Taubheit begann in den Fingern und Zehen. Ein leichtes Kribbeln, als wären sie eingeschlafen und müssten erst wieder aufwachen. Eine Folge der Anstrengung, dachte ich. Mein Körper musste sich eben an die neuen Gegebenheiten gewöhnen. Doch nach einigen Tagen fiel es mir schwer, vom Sofa aufzustehen. Die Stiegen in den zweiten Stock wurden zu einer Bergbesteigung. Mein Herz raste bei der kleinsten Anstrengung und mein Atem ging schwer. Ich wollte es ignorieren, bis mich Didi Hamann, dem ich davon erzählt hatte, eines Tages beiseite nahm. »Ich kenne einen Spezialisten in München«, sagte er. »Den solltest du aufsuchen.«

Weil keine Besserung in Sicht war, stieg ich in den Flieger. Zunächst wollte ich erneut zu Müller-Wohlfahrt, dann aber entschied ich mich, Didis Empfehlung zu folgen. Ich bekam kurzfristig einen Termin bei Roman Haberl, einem Spezialisten für Neurologie und Neurologische Intensivmedizin.

Haberl benötigte keine Minute, um zu erkennen, woran ich litt. »Guillain-Barré-Syndrom«, sagte er, und im ersten Moment dachte ich, er hätte sich verschluckt. Was war das denn für ein Name? Doch dann erklärte er mir, GBS sei eine seltene Autoimmunerkrankung, bei der sich das Immunsystem gegen den eigenen Körper wendet. Antikörper, die gewöhnlich fremde Viren abwehren, greifen das eigene Nervensystem an.

Drei Tage ließ er meinen Körper mit Antikörpern fluten. Selbst zu diesem Zeitpunkt wusste ich noch nicht genau, was die Krankheit für mich bedeutete. Ich dachte, die Ärzte würden mir Spritzen und Infusionen verabreichen, und dann würde ich aus dem Krankenhaus spazieren und wieder auf den Platz zurückkehren. So war es früher immer gewesen, warum sollte es jetzt anders sein?

Nach drei Tagen schoben mich die Pfleger auf die Intensivstation. »Die Krankheit greift Ihre Muskeln an«, erklärte mir ein Arzt. »Wir müssen bereit sein für den Fall, dass sie Ihre Atemmuskeln attackiert.«

Da lag ich also, allein und schwach in einem Krankenbett, angewiesen auf Messungen und Medikamente. Jahrelang hatte ich beinahe jeden Tag intensiv Sport

betrieben, hatte meinen Körper geformt und ihn zu einer Leistungsmaschine gemacht. Jetzt ließ er mich völlig im Stich. Der Weg zur Toilette glich einem Wandern durch die Wüste, bei dem der Wanderer nicht weiß, ob er jemals ankommen wird.

Bald schon schoben mich Pfleger mit dem Rollstuhl von einer Therapie zur nächsten. Das Kribbeln war zur Taubheit geworden, die bis zu meinen Knien reichte. Es war, als würden meine Beine langsam verschwinden.

Der Teil meines Körpers, mit dem ich mein Geld verdiente, in dem ich so viel Gefühl gehabt hatte wie nirgendwo sonst, auf den ich mich immer hatte verlassen können, war dumpf und taub geworden. Selbst als ich mich in der Dusche verbrannte, bemerkte ich das erst, als mir der Dampf vor die Augen stieg. Irgendwann konnte ich mein linkes Augenlid nicht mehr schließen. »Herr Doktor«, wandte ich mich eines Tages an Haberl, »sagen Sie mir die Wahrheit. Wann wird das endlich vorbei sein?«

Der Arzt atmete tief aus und blickte mich ernst an. »Ich möchte ehrlich sein«, sagte er. »Sie werden wieder gesund werden, davon bin ich überzeugt. Aber wann Sie wieder auf den Platz zurückkehren können ...« Es war ihm anzusehen, wie gerne er mir eine Antwort gegeben hätte, aber seine Professionalität hinderte ihn daran, mir falsche Hoffnungen zu machen. »... das kann ich nicht sagen. Es könnte ein Monat sein oder ein Jahr. Vielleicht sogar länger. Ich kann Ihnen auch nicht sagen, wie leistungsfähig Sie dann sein werden.«

In der Zeit im Krankenhaus blieben mir zwei Begegnungen besonders in Erinnerung. Da war ein älterer Herr, ein Universitätsprofessor, dessen Verstand von Alzheimer zerfressen war. Er war höflich, wenn er sich im Zimmer irrte, was öfters vorkam, und bat jedes Mal um Entschuldigung. Dieser Mann hatte seinen Geist viele Jahre so trainiert, wie ich meinen Körper trainiert hatte. Und nun ließ er ihn im Stich. Jeder Meter, den ich gehen konnte, erfüllte mich nun nicht mehr bloß mit Verdruss, sondern mit Freude. Denn ein funktionierender Körper ist genauso wenig selbstverständlich wie ein funktionierender Geist.

Die zweite Begegnung fand mit einem neunjährigen Jungen statt, der an Leukämie erkrankt war. Seine Überlebenschancen standen bei fünfzig Prozent. Als Bayern-Fan hatte er um einen Besuch gebeten. Als er vor mir saß, die Haare waren ihm von der Therapie bereits ausgefallen, sprachen wir über Fußball. Dabei lächelte er mich die ganze Zeit über an. Seine Augen leuchteten, wenn ich von großen Spielern und Spielen sprach. In ihm spürte ich einen Lebenswillen und eine Hoffnung, die mich tief beeindruckten. Ich dachte bisher, als Profisportler müsste man einen großen Willen besitzen, sich jeden Tag aufs Neue überwinden. Doch dieses Kind erfüllte mich mit Demut. Demut vor dem Leben, vor jedem einzelnen Tag, der mir geschenkt war.

In dieser Zeit begann ich meine Situation anders zu sehen. Zu Beginn meiner Erkrankung kämpfte ich mit der Ungerechtigkeit, dass meine Karriere in den besten

Jahren so abrupt unterbrochen worden war. Was wäre nicht noch alles möglich gewesen! Was hatte ich nicht alles vorgehabt! Doch nun erkannte ich, wie viel Glück ich in meinem Leben gehabt hatte. Nun ging es darum, sich neue Ziele zu setzen. Statt Sprints über hundert Meter hieß es nun, den Flur auf und ab zu gehen, ohne außer Atem zu kommen. Das tat ich, stetig und geduldig. Und tatsächlich waren nach einer Weile die ersten Fortschritte zu erkennen.

Im Januar des Jahres 2002 startete meine Reha. Gemeinsam mit vier anderen Patienten spulte ich täglich Krankengymnastik, Physiotherapie, Ergotherapie und Wassertherapie ab. Im Gegensatz zu meinen Kollegen ging es mir relativ gut, war ich doch der Einzige, der selbstständig aufs Klo gehen konnte und keinen Rollstuhl benötigte. Als Sportler lernte ich viele Übungen schnell. Und doch war jede Einheit qualvoll. Wie hart es erst für die anderen sein musste! Ich ärgerte mich ständig über mein eigenes Unvermögen. Meine Füße und Hände taten nicht, was ich von ihnen wollte. Ich war unpräzise und ungelenk. Wie ein Kind, das Laufen lernte. Nur war ich ein erwachsener Mann, ein Profisportler.

Nach fünf Wochen Aufbautherapie wechselte ich in ein anderes Rehazentrum in Bad Aibling. Am Wochenende verbrachte ich Zeit mit meinen Kindern, während der Woche begann ich bereits mit leichtem Konditions- und Krafttraining.

Bei all den Mühen, wieder auf die Beine zu kommen, war mir eine Angewohnheit aus Liverpooler Tagen

geblieben. Nach den Reha-Einheiten fuhr ich mit dem früheren HSV- und Werder-Stürmer Dirk Weetendorf, der im gleichen Rehazentrum war, nach Regensburg und suchte die Brasserie Dombrowski auf. Dort tranken wir auf unsere Fortschritte. Es fühlte sich gut an, einfach abzuschalten und alles zu vergessen. Die harte Reha, die Unzulänglichkeiten des eigenen Körpers, die ungewisse Zukunft.

Nach einem Jahr kehrte ich endlich zum FC Liverpool zurück. Doch in der Vorbereitung auf die neue Saison merkte ich, dass es noch ein weiter Weg war, wieder zu meiner alten Form zu finden. Es war das eine, normale Gewichte stemmen und Ausdauerläufe absolvieren zu können. Etwas völlig anderes war es, dies auf dem Niveau eines Profifußballers zu tun.

Coach Houllier nominierte mich zumindest für den Community Shield, einen Pokal, in dem der Meister gegen den Pokalsieger spielt. Da FC Arsenal sowohl Meister als auch Cupsieger geworden war, durften wir als Zweitplatzierter im Finale antreten. Wir spielten im Millennium Stadium von Cardiff. Vor 70.000 Zuschauern schickte mich Houllier in der 60. Minute zum Aufwärmen.

Während ich meine Lauf- und Dehnübungen absolvierte, hörte ich die Gesänge zuerst leise. Etwas kam mir bekannt vor. Ein Lied? Ein Wort? Nein, es war ein Name. Es war mein Name. »Markus Babbel, Markus Babbel«, hallte es durch das Stadion. Als ich den Blick hob, sah ich, dass nicht bloß die Fans der Reds sangen, sondern

auch die Arsenal-Anhänger. Bei meiner Einwechslung klatschte das ganze Stadion. Ein Kribbeln überkam mich, aber nun war es eine Gänsehaut, die meinen Rücken hinaufkroch.

Auf dem Spielfeld musste ich gegen den Weltklasse-Stürmer Thierry Henry spielen. Doch noch bevor der Schiedsrichter das Spiel wieder anpfeifen konnte, streckte mir Henry die Hand entgegen, lächelte mich an und sagte: »Welcome back.« Wir verloren das Spiel zwar mit 0:1, aber diese Momente werde ich nie vergessen.

Es hätte der Beginn einer großen Comeback-Story werden können. Ein Training nach dem anderen, bei dem ich mich bis aufs Blut verausgabte und mich durch Dreck und Tränen wieder ins Team kämpfte. Spiele, in denen ich mit letzter Kraft in Schüsse des Gegners sprang oder mit tollkühnen Kopfbällen wichtige Treffer erzielte. Doch die Realität sah anders aus.

Ich war noch lange nicht bei hundert Prozent. Und in diesem Sport waren selbst hundert Prozent oft zu wenig. Coach Houllier schien kein Vertrauen mehr in mich zu haben. Bei einem Spiel gegen Aston Villa wechselte er mich sogar noch vor der Halbzeit aus. Wütend ging ich in die Kabine, ohne mit Houllier noch ein Wort zu wechseln. Am nächsten Tag gerieten wir aneinander. Danach war meine Zeit bei Liverpool vorbei.

Houllier berücksichtigte mich nicht, er grüßte mich nicht mal mehr. Er versetzte mich in die zweite Mannschaft, wo ich mit jungen Spielern auf matschigen und schlecht gemähten Plätzen spielen musste. Ich hätte

mich bei Houllier entschuldigen können. Meine neue Rolle akzeptieren. Doch es wollte mir einfach nicht gelingen. So viel Kraft hatte ich aufgeopfert, gegen mein ungerechtes Schicksal hatte ich gekämpft, hatte nie aufgegeben, obwohl ich nicht wusste, ob ich je wieder völlig gesund werden würde. Und was war der Dank? Was war der Lohn? Wertlose Sonntagsspiele mit Teenagern!

Hatte ich im Krankenhaus noch Zeit gehabt, über meine Situation nachzudenken, gab ich mir diese Zeit nun nicht. Ich feierte, trank zu viel und schmiss mein Geld zum Fenster raus. Sportwägen, Rolex-Uhren, Designerklamotten, ich erfüllte das Stereotyp des Fußballprofis auf langweiligste Weise. Der Markus Babbel aus Bayern war nicht wiederzuerkennen. Doch diese Verwandlung passte zu dem Chaos und der Orientierungslosigkeit, die in meinem Inneren herrschten. Ich hatte das Gefühl, die besten Jahre waren mir genommen worden. Es fühlte sich ungerecht an.

Noch schlimmer: Sie waren zu Ende gegangen, noch bevor ich sie genießen hatte können. Bevor ich erkennen konnte, dass sie wirklich die besten gewesen waren. Ich hatte gedacht, noch Zeit zu haben.

Endlos viel Zeit.

Doch das Leben hatte mich eines Besseren belehrt.

Weil ich am Platz kein Glück finden konnte, versuchte ich es abseits davon zu finden. Dort, wo es alle suchen, die es verloren zu haben glauben, in Bars und Pubs und Diskotheken. Gefunden hat es dort noch niemand. Auch ich nicht.

Ich wusste, würde ich noch lange auf dieser Insel bleiben, wäre weder von meinen besten Jahren etwas übrig noch von dem Menschen, der ich einst gewesen war. Und der ich sein wollte.

Wie du aus jedem Jahr dein bestes machst:

Freunde dich mit der Veränderung an

Veränderungen sind immer schwer. Nicht, weil wir auf neue und ungewohnte Situationen treffen, die uns Angst machen. Sondern weil uns diese Situationen zwingen, das Bild, das wir von uns selbst haben, zu verändern. Äußere Veränderungen bewirken stets auch innere. Das ist es, was den meisten Menschen so schwerfällt. Wovor sie so viel Angst haben.

Besonders ist das der Fall, wenn es um Veränderungen nach den »besten Jahren« geht. Denn in den besten Jahren hast du womöglich ein schmeichelhaftes Bild von dir entwickelt. Du hast dich über deine Erfolge, Fähigkeiten und Stärken definiert. Warum auch nicht? Doch nun sind diese Fähigkeiten und Stärken nicht mehr selbstverständlich. Vielmehr bist du damit konfrontiert, dass auch andere Seiten zu deinem Wesen gehören. Die weniger glamourösen, weniger spektakulären, weniger beeindruckenden Seiten.

Mario musste den FC Bayern nach seiner wohl besten Saison verlassen. Beim FC Kaiserslautern war von Meister-

rennen keine Rede mehr. Er musste sich neue Tugenden erarbeiten und seine Motivation zurückgewinnen. So entdeckte er aber auch die Freude am Spiel wieder, die ihn überhaupt erst zum Fußballer gemacht hatte. Am Ende seiner Zeit in Kaiserslautern musste er lernen, mit seiner neuen Rolle umzugehen. Der Trainer setzte nicht mehr auf ihn, und so musste er aus einer für ihn ungewohnten Position das Team dabei unterstützen, den Klassenerhalt zu schaffen. Was es letztlich auch tat.

Markus war mit den großen Erwartungen und Hoffnungen nach England gewechselt. Im ersten Jahr schienen sich alle davon zu erfüllen. Tatsächlich dachte er, die besten Jahre seines Lebens hätten gerade erst begonnen. Dann veränderte eine Krankheit alles. Sie zwang ihn dazu, sich selbst zu hinterfragen. Selbst als er nach einem langen und harten Kampf auf den Platz zurückkehrte, hatte er etwas verloren, von dem er nicht wusste, ob er es je wiederbekommen würde. So lernte er eine neue Seite an sich kennen, die er nicht leiden konnte und die dennoch sein Verhalten steuerte. Ob er es schaffen würde, sie zu überwinden?

Veränderungen sind hart, aber sie sind unausweichlich. Hinter jeder Veränderung verbirgt sich die Möglichkeit, mehr vom Leben zu sehen als davor. Doch es ist unsere Entscheidung. Wenn eine Phase zu Ende geht und eine neue beginnt, entscheiden wir uns, ob wir den Blick zurück oder nach vorne richten.

Lernen wir, uns mit der Veränderung anzufreunden, sie zu akzeptieren und uns in ihr weiterzuentwickeln,

wird es uns gelingen, die besten Jahre erst wirklich als solche zu begreifen. Sie erfüllen uns dann nicht mit Wehmut und Trauer, weil sie nicht wiederkommen werden, sondern mit Dankbarkeit, dass sie da waren und uns mit Erfahrungen beschenkten, die uns den Rest unseres Lebens begleiten werden. Wir verstehen, dass Veränderung Zeiten nicht schlechter oder besser macht, sondern einfach anders. Und dass in jeder Zeit Glück und Zufriedenheit zu finden sind, bloß an anderen Orten, in anderen Dingen und anderen Menschen.

Veränderung lässt Glück und Freude nicht aus unserem Leben verschwinden. Sie verlagern sich bloß. Wenn wir lernen, vergangene Erfahrungen zu verarbeiten, anstatt ihnen nachzutrauern, werden wir Glück und Freude immer und überall finden.

Kapitel 6

Fernweh

Was jetzt? Wie am Anfang des Buchs erwähnt, ist das die große, hässliche, harte Frage, die sich uns am Ende der besten Jahre in den Weg stellt. Auch wir blieben nicht von ihr verschont.

Mario war dabei, der Bundesliga nach zehn Jahren den Rücken zu kehren. Markus wusste, er musste England verlassen, wenn er sich selbst nicht verlieren wollte. Die besten Jahre schienen nun endgültig vorbei zu sein. Wir waren dabei, die große Fußballbühne endgültig zu verlassen.

Die Situation war keine einfache. Ohne unsere Erfahrungen, die wir in den vorangegangenen Kapiteln geschildert haben, wäre sie noch viel schwieriger geworden. Wir wollen in diesem Kapitel von der Übergangsphase berichten, heraus aus den besten Jahren und hinein in bessere Jahre.

Leicht ist es nicht. Es kostet Kraft, diesen Übergang zu meistern. Doch mit den richtigen Eigenschaften und Fähigkeiten kann es gelingen.

Bei vielen Menschen löst der Moment des Übergangs Ängste aus. Bei manchen ist es der Eintritt in den Ruhestand nach dem Berufsleben, bei anderen der Auszug des jüngsten Kinds oder das Ende einer Beziehung.

Wie soll es jemals wieder so gut werden, wie es war? Wie kann ich etwas Neues finden, das mich genauso erfreut wie das Alte? Wie gelingt der Sprung in ein neues Leben?

Diese Fragen stellten wir uns genauso wie alle anderen. Damit wären wir wieder bei den Szenen, die dieses Buch eröffneten. Nach den harten Worten von Armin Veh musste Markus eine folgenschwere Entscheidung treffen. Und nachdem Mario das Ende seiner Zeit als Bundesligaspieler akzeptiert hatte, stand auch er vor dem Schritt ins Ungewisse.

Wir beide lernten in diesen Situationen, wie wichtig es ist, sich nicht an das Vertraute zu ketten und offen zu sein für das Neue.

Der Übergang ist eine Balance zwischen alten Erfahrungen und neuen Abenteuern. Weder konnten wir unsere Erfahrungen als Fußballer ganz hinter uns lassen, denn sie definierten uns, noch durften wir an etwas festhalten, was vorbei war. In diesem Gleichgewicht liegt der Schlüssel zu einem neuen Lebensabschnitt, der anders ist als die vermeintlich besten Jahre. Aber nicht weniger schön.

Die besten Jahre mögen vorbei sein. Doch noch bessere liegen erst vor uns.

Markus
WITH HOPE IN YOUR HEART

Es reicht nicht mehr. Es reicht nicht mehr. Es reicht nicht mehr.

Diese Worte hallten in meinem Kopf, als ich abends vor dem Badezimmerspiegel stand. Was reichte nicht mehr? Und wofür? War ich selbst nicht mehr gut genug?

Der Gedanke schmerzte. In England hatte ich solche Gedanken weggeschoben, indem ich mich ins Partyleben gestürzt hatte oder eine Flasche Wein aufmachte. Doch dieser Mensch war ich nicht mehr, wollte ich nicht mehr sein. Ich hatte meinen Vertrag in Liverpool aufgelöst und war nach Deutschland zurückgekehrt, um zu meinem alten Selbst zu finden. Mir war bewusst, im Herbst meiner Karriere zu sein. Mit einem so schnellen Wintereinbruch hatte ich aber nicht gerechnet.

Was würde ich morgen tun? Zum Training fahren, als wäre nichts gewesen, und abwarten, ob Coach Veh seine Worte wahr machte? Nicht auftauchen, mich entschuldigen, im Bett bleiben? Veh wütend zur Rede stellen, ihn anschreien, wie er mir nach einem Spiel so etwas an den Kopf werfen konnte?

Ich entschied mich für keine dieser Lösungen. Stattdessen kniff ich die Augen zusammen und konzentrierte mich auf mein eigenes Spiegelbild, bis ich das Gefühl hatte, durch mich hindurchzusehen, den Kern meines Wesens ansprechen zu können. Ich war gut genug. Ich würde immer gut genug sein. Vielleicht nicht für den

Fußball am Feld. Aber für viele andere Dinge, für die es sich weiterzumachen lohnte. Ich hatte Erfahrung zu geben. Meine Karriere hatte mich vieles gelehrt. In meinem Team gab es junge Spieler, die von meinen Erfahrungen profitieren konnten. Für die Anforderungen auf dem Rasen mochte es nicht mehr reichen, aber ich hatte noch genug zu geben.

Diese neue Sicherheit hatte mich ins Bett begleitet und war mir auch am nächsten Morgen geblieben. Ich fuhr ins Trainingszentrum. Noch vor dem Training suchte ich Armin Veh in seinem Büro auf. »Trainer«, sagte ich, »ich habe nachgedacht. Ich bin Profi, egal wie es läuft. Du kannst dich auf mich verlassen. Ich bin dabei, in welcher Funktion auch immer.«

Armin atmete hörbar aus. Offenbar war auch ihm das Ultimatum im Magen gelegen. »Das erleichtert mich«, gab er zu. »Ich brauche dich. Gemeinsam können wir etwas Großes schaffen. Das weiß ich.«

Von da an war mein Leben ein anderes. Ich übernahm die B-Mannschaft, bei der sich Talente wie Mario Gómez und Sami Khedira befanden, die bereits bei den Profis ihre Minuten bekamen. Diesen jungen Spielern wollte ich mit meiner Erfahrung helfen, den nächsten Schritt zu machen. Ich sprach viel mit dem Trainerteam und fungierte als Bindeglied zwischen Mannschaft und Staff. Gab es Probleme, nahm ich mir die Kollegen zur Seite und vermittelte. Ein aufmunterndes Wort hier, eine sachlich vorgetragene Kritik dort. Meistens beides zusammen. In dieser neuen Position bemerkte ich

zum ersten Mal, wie komplex die zwischenmenschliche Ebene ist und wie sehr sie zum Erfolg einer Mannschaft beiträgt. Bereits beim FC Bayern hatte ich den Unterschied gelernt zwischen Stars, die eine Einheit formten, und Stars, die sich zerfleischten. Wie viel Feinarbeit es aber benötigte, um diese Einheit herzustellen, wurde mir erst jetzt bewusst.

Wenn ich bei den Profis trainierte, fühlte ich mich völlig frei und unbeschwert. Am Wochenende würde ich nicht in der Startelf stehen, das nahm den Druck raus, und der Spaß kam zurück. Einfach dem Leder nachjagen. Tatsächlich fühlte ich mich plötzlich Jahre jünger. Eine große Last war von meinen Schultern abgefallen, ich hatte einen neuen Platz gefunden, in dem ich mich entfalten konnte. Das Bewusstsein, gut genug zu sein, nur anders als gedacht, gab mir neue Kraft.

Mit dieser neuen Aufgabe konnte ich meinen Teil zu unserer guten Hinrunde beitragen. Als die Winterpause kam und die Mannschaft nach Dubai aufbrach, um dort der Kälte zu entgehen, lagen wir auf Platz vier, nur vier Punkte von Tabellenführer Werder Bremen entfernt. Im Wintertrainingslager in Dubai teilte ich mir ein Zimmer mit Heiko Gerber.

Heiko war ein Stuttgarter Urgestein, kam dieses Jahr aber ebenfalls kaum zum Einsatz. Am ersten Abend schnappte ich ihn mir. »Heiko«, sagte ich, »wir können alles reinhauen und uns schinden, obwohl wir wissen, wir kriegen nicht mehr viele Minuten. Oder wir genießen einfach die Zeit.«

Heiko überlegte kurz. »Genießen klingt gut«, meinte er dann mit einem Lächeln. Also schmiedeten wir einen Plan. Um nicht an den Zimmern der Trainer vorbeizumüssen, gingen wir bei den jungen Spielern Tobias Weiss und Michael Langer rein. Die beiden hatten ein Zimmer im Erdgeschoss, von ihrer Terrasse aus konnten wir das Hotel ebenfalls verlassen. »Wir werden jetzt jeden Abend durch eure Terrasse raus- und reingehen«, erklärte ich den beiden verdutzten Jungen. »Und wenn ihr den Trainern petzt, dann wird's beim Training für euch und eure Schienbeine sehr ungemütlich.« Ich zwinkerte den Jungs zu.

Von da an hatten Heiko und ich einen eigenen Ausgang, und so verbrachten wir die Abende in den schönen Bars Dubais, genossen unsere Zeit und standen übermüdet am nächsten Morgen auf dem Trainingsplatz. Aber das war es wert.

Am dritten Tag waren wir wieder auf dem Weg zum Zimmer unserer unfreiwilligen Komplizen, als uns Manager Horst Heldt stellte. »Männer«, sagte er zu Heiko und mir, »ich weiß genau, was ihr jeden Abend macht.«

Auweia, dachte ich. Die Trainer konnten wir reinlegen, aber nicht den schlauen Horst.

»Ich möchte mitkommen«, sagte er.

Damit hatte ich nicht gerechnet. Aber dem Teamspirit konnte das nur zuträglich sein. Also zogen wir von da an zu dritt los.

Am vorletzten Abend saßen Heiko, Horst und ich in einer Bar. Wir hatten den Eingang im Auge. Und wer

tauchte im Türrahmen auf? Die gesamte Mannschaft des VfB Stuttgart! Wie üblich bei Trainingslagern, hatten sich die Spieler an einem Abend davongeschlichen und wollten auch mal einen draufmachen. Obwohl Armin Veh ein klares Feierverbot ausgegeben hatte.

»Scheiße«, sagte Horst. »Wenn ich die jetzt heimschicke, bin ich der große Arsch. Wenn ich nichts sage, kann ich mir eine Standpauke von Armin anhören.«

»Keine Sorge«, sagte ich, »ich kläre das.« Ich ging zum Eingang, wo der Platzanweiser einen Tisch für die Bande suchte, und redete auf meine Kollegen ein. »Jungs«, sagte ich, »zieht doch bitte weiter. Das hier ist eine Altherrenrunde. Horst bekommt sonst ein Problem.«

Ohne ein Murren nickten die Spieler und verbrachten ihren wohlverdienten Feierabend woanders. Das war genau die Art von Mannschaftsgefüge, die wir brauchten, wenn wir diese Saison etwas Großes erreichen wollten.

Meine neue Position konnte ich einsetzen, als wir zurückkamen und die Meisterschaft wieder losging. Nach ein paar Wochen beschwerte sich unser mexikanischer Mittelfeldspieler Pável Pardo bei Trainer Veh über unseren Abwehrspieler Arthur Boka. Boka war Single und genoss dieses Leben in vollen Zügen. Er feierte gerne Partys bis in die frühen Morgenstunden. Das Problem: Bokas Wohnung lag über jener von Pardo, der als genügsamer Vater einer Tochter mit den lauten Feiern seines Kollegen nicht zurechtkam.

Als Armin das hörte, überlegte er, Arthur Boka kurzerhand rauszuschmeißen. Er schilderte mir sein Dilemma.

»Armin«, sagte ich, »mach erst mal nichts, lass mich das in die Hand nehmen.« Boka war zwar kein Stammspieler, aber ein wichtiger Ersatzmann für Ludovic Magnin, mit dem er sich jedes Training duellierte und ihn zu Bestleistungen anspornte.

Mit einigen anderen erfahrenen Spielern nahm ich Boka zur Seite und redete auf unseren ivorischen Kollegen ein. »Schau mal, wir haben die Möglichkeit, diese Saison was Großes zu erreichen. Dann kannst du im Sommer so viel Party machen, wie du willst. Willst du riskieren, dass dich der Trainer davor aus der Mannschaft schmeißt?«

Boka verstand und verbrachte seine Abende seitdem ruhiger. Immer wieder kam es zu kleineren Reibereien, wie das in einer Mannschaft völlig normal ist, und immer wieder konnte ich vermitteln. So entwickelte sich eine Harmonie und ein Zusammenhalt, den ich selten zuvor erlebt hatte.

Während der Rückrunde bestellte mich Horst Heldt in sein Büro. Auch ihm war meine neue Rolle im Team aufgefallen. »Markus«, sagte er, »hast du dir schon Gedanken über deine Zukunft gemacht?«

»Ich glaube, nach dieser Saison ist Schluss«, sagte ich. Zum ersten Mal waren diese Worte über meine Lippen gekommen. Sie fühlten sich seltsam an, hinterließen einen Geschmack, der ungewohnt war, aber nicht unangenehm. Konkrete Pläne hatte ich zwar nicht, aber mir war in diesem Moment vollkommen klar, diese Saison würde meine letzte sein. Ich kam kaum

mehr als Spieler zum Einsatz. In eine schlechtere Liga wechseln, nur um noch ein paar Spielminuten zu bekommen, wollte ich nicht. Ich hatte alles erreicht, was ich als Fußballspieler erreichen konnte. Es war Zeit für etwas Neues.

»Ich verstehe«, sagte Heldt. »Es wäre schade, dich zu verlieren. Könntest du dir vorstellen, beim VfB zu bleiben und eine Jugendmannschaft zu trainieren?«

Eine Jugendmannschaft? Ich arbeitete gerne mit jungen Spielern, aber so jung nun auch nicht. »Mit Eltern möchte ich mich nicht rumschlagen«, sagte ich. »Aber zu trainieren würde mir Spaß machen.«

»Wie wäre es dann als Co-Trainer für die U23?«, fragte er. Die U23 bildete junge Spieler aus und begleitete sie auf dem Weg zum Profi. Zu dieser Zeit betreute Rainer Adrion die Mannschaft, ein guter Typ. Ohne lange zu überlegen, nahm ich das Angebot an. In diesem Jahr hatte ich gelernt, meine neue Rolle zu akzeptieren. Dadurch hatte sich wie von selbst ein Weg für meine Zukunft gebildet. Die Ungewissheit, wie es nach dieser Saison weitergehen würde, war damit verschwunden.

Solche Dinge sind keine glücklichen Fügungen, auch wenn sie für sich allein genommen so aussehen. Es braucht die Überwindung des eigenen Egos und Ehrlichkeit zu sich selbst, um einen neuen Platz zu finden und einzunehmen. Wenn das geschafft ist, öffnet die Zukunft ihre Tore.

Als die Meisterschaft sich langsam dem Ende zuneigte, befanden wir uns mit Schalke 04, Werder Bre-

men und dem FC Bayern im Rennen um den Titel. Vier Punkte trennten uns vor dem 26. Spieltag vom Tabellenführer Schalke, als es zum direkten Duell kam. Trainiert von Mirko Slomka und mit Spielern wie einem jungen Mesut Özil und Manuel Neuer, Kevin Kurányi, Halil Altıntop und Rafinha schickte sich die Truppe aus Gelsenkirchen an, den ersten Meistertitel seit 1958 einzufahren. Nach dem Spiel schienen sie diesem Erfolg einen Schritt näher, denn sie schlugen uns 0:1.

In der Kabine war die Stimmung dementsprechend schlecht. Wir hatten uns große Hoffnungen gemacht und waren nun alle am Boden zerstört. Alle, außer unser Trainer Armin Veh. »Männer«, sagte er kurz nach Abpfiff, »jetzt werden wir deutscher Meister.«

Die meisten von uns schüttelten ungläubig die Köpfe. Doch mit jedem Tag, mit jedem Training wuchs dieser Satz in uns. Er reifte und gedieh, nahm immer mehr Platz ein, setzte sich nicht nur in unseren Köpfen fest, sondern auch in unseren Füßen, in unseren Lungen, in unseren Herzen, und trieb alle zu Hochleistungen. Wir wussten, wie gut wir waren. Warum sollten wir eine Niederlage über diese Saison bestimmen lassen?

Wir gewannen alle folgenden sieben Spiele, darunter ein 2:0 gegen den FC Bayern München. Am letzten Spieltag standen wir tatsächlich ganz oben, mit zwei Punkten Vorsprung auf Schalke. Der letzte Gegner dieser Saison hieß Energie Cottbus, die hatten den Klassenerhalt bereits geschafft. Ein Sieg, und wir hätten Geschichte geschrieben.

Es war ein ungewohntes Gefühl, dieses Spiel von der Tribüne aus verfolgen zu müssen. Die ganze Saison lang hatte ich mich in den Dienst der Mannschaft gestellt, hatte alles dafür gegeben, damit jeder der Spieler an sich selbst und den Meistertitel glaubte. Heute konnte ich nur zusehen, ob dieser Glaube belohnt wurde. Um nicht völlig aus der Haut zu fahren, kippte ich vor dem Anpfiff zwei Gläser Bier. Doch es sollte wenig helfen.

Die Nervosität war dem Team anzusehen. Cottbus dominierte die Anfangsphase. Nach einer schlecht geklärten Flanke zog Vlad Munteanu von der Strafraumkante volley ab, Sergiu Radu hielt den Fuß in den Schuss und fälschte den Ball ab. 0:1 in der 19. Minute. Schalke führte zeitgleich und hatte uns in der Tabelle überholt.

Scheiße, dachte ich. Sollte es das gewesen sein? Doch ich hatte die Rechnung ohne die aufopferungsvollen Stuttgarter Fans gemacht. 56.000 Zuschauer verwandelten die Neckar-Arena an diesem Tag in ein Tollhaus. Selbst in Liverpool hatte ich so eine Stimmung nur bei den allergrößten Spielen erlebt. Von Minute eins an sangen, grölten, schrien, klatschten die Fans, was das Zeug hielt. Irgendwann schlug diese Energie auf die Spieler über und setzte sie unter Strom. In der 27. Minute trat Pável Pardo eine Ecke. Sie segelte über alle hinweg und aus dem Strafraum hinaus, wo an der Strafraumkante unser Verteidiger Thomas Hitzlsperger wartete. Im Stile eines Edeltechnikers nahm er die Flanke volley an und knallte sie an Cottbus-Tormann Piplica vorbei unhaltbar unter die Latte. Ein unglaubliches Tor, das Stadion

explodierte. Doch noch hatten wir die Meisterschaft nicht sicher. Ein Tor von Cottbus, und die Schale, die sich bereits in Stuttgart befand, wäre nach Gelsenkirchen gewandert. Dann kam die 63. Minute. Antônio da Silva bekam auf der rechten Seite Platz und flankte in den Strafraum. Die Cottbus-Verteidigung konzentrierte sich auf unseren Stürmer Mario Gómez, doch für den war die Flanke etwas zu hoch. Von hinten hatte sich Sami Khedira in den Strafraum geschlichen. In Rückenlage kam er mit dem Kopf an den Ball. Mit einem hohen Bogen und wie in Zeitlupe senkte er sich über den Cottbus-Keeper hinweg ins lange Eck.

Schon als der Ball herunterfiel, wusste ich, jetzt war es so weit. Wir waren Meister. Der Ball landete im Netz, und der Jubel war grenzenlos. Die Mannschaft, mit der niemand gerechnet hatte, war deutscher Meister geworden.

Eine halbe Stunde später nahmen wir die Schale entgegen. Für mich ein seltsames Gefühl. Zwei Meisterschaften hatte ich mit dem FC Bayern auf dem Platz gewonnen. Diese Saison hatte ich keine hundert Minuten gespielt. Und doch fühlte ich mich als deutscher Meister. Denn ich wusste, wie viel ich dazu beigetragen hatte. Für die Fans war mein Beitrag nicht so sichtbar wie jener der Spieler, aber ich war ein Teil dieses Gefüges gewesen, das Unglaubliches vollbracht hatte.

Als wir mit dem Autokorso durch die Stadt zogen und durch eine rot-weiße Menge fuhren, fühlte ich mich an Liverpool erinnert. Ein ungekannter Stolz ergriff von

mir Besitz. Zum ersten Mal war ich nicht stolz auf meine Zweikämpfe, meine Läufe und Flanken, sondern auf meine Persönlichkeit. Auf die Art, wie ich mit den Spielern umgegangen war, auf die Zurückstellung meines Egos. Ich hatte mich immer als Teamplayer gesehen, das war meine größte Stärke. Und in keiner Saison war ich ein solcher Teamplayer gewesen wie in dieser.

Am Stuttgarter Schlossplatz war bereits alles angerichtet. Auf der Bühne hatten die Fantastischen Vier in den letzten zwei Stunden die Massen unterhalten. Müde und dankbar übergaben sie uns das Mikrofon, damit wir weiter mit unseren Fans feiern konnten. An diesem Tag gewann ich eine Gewissheit: Das Ende des Fußballers Markus Babbel war ein neuer Anfang für den Menschen Markus Babbel.

Die Sonne war bereits untergegangen, doch die Energie der Fans brachte die Nacht zum Leuchten. Gegen Ende der Feier schnappten sich unser Geschäftsführer Jochen Sauer und ich das Mikrofon. Und stimmten einen Song an, der den Abschied meiner Fußballerkarriere darstellte. Es war ein Lied, dessen Text sich in mein Herz eingraviert hatte. Tausende glückselige Menschen mit tränennassen Gesichtern stimmten ein:

Walk on, walk on
With hope in your heart,
And you'll never walk alone

Mario
DIE OASE

Das Dröhnen der Motoren war unglaublich laut. Mit aller Kraft fraß sich der Buggy durch den Wüstensand, hinter uns eine undurchsichtige Wolke aus Staub. Die Düne kommen wir nicht hoch, dachte ich, aber da standen wir schon an der Spitze. Dann neigte sich das Gefährt nach vorne und schnellte nach unten. Es kam mir vor, wie von einer Welle getragen zu werden. Eine grenzenlose Freiheit, nichts als Sand und Himmel.

Dann spiegelte sich unversehens das Licht der Sonne im Wasser, und ich dachte, ich träume. Nach einer Düne tauchte ein Strich Grün in dieser kargen Landschaft auf. Ein paar Palmen, Sträucher, ein kleiner Teich. Eine Oase. Was für ein Anblick. Unser Führer parkte das Auto. »Zeit für eine Abkühlung«, sagte er.

Ich zog mir die Badehose an und sprang ins kühle Nass. Ein herrliches Gefühl!

Das war sie, meine erste Woche bei meinem neuen Arbeitgeber, dem SC al-Rayyan, aus der zweitgrößten Stadt Katars. Bald sollte ich merken, dass Oasen in der Wüste der attraktive Höhepunkt des Landes waren.

Es war 2003, und ich war von Kaiserslautern tatsächlich in die Wüste gegangen. Die katarischen Clubs verfolgten damals die Strategie, zwei Altmeister pro Mannschaft zu verpflichten. Ihre einheimischen Spieler sollten von unserer Erfahrung profitieren, und wir

sollten mehr Zuschauer anziehen. Mein Teamkollege war Fernando Hierro, eine Legende von Real Madrid. Mein alter Kumpel Stefan Effenberg spielte zur gleichen Zeit bei Al-Arabi.

Das Erste, was mir auffiel, als ich aus dem Flieger stieg, war die Hitze. Sie fraß sich in meinen Körper wie ein Virus. Trat ich nur einen Schritt aus dem Schatten, kam ich mir vor, als hätte mich jemand in einen Ofen gesperrt. Kein Getränk blieb lang genug kalt, um es zu genießen. Wenn ich auf den staubigen Straßen aus der Stadt fuhr, war da nichts als Wüste.

Katar war 2003 noch nicht das auf Hochglanz polierte Land der Zukunft, das es später werden sollte. Das benachbarte Dubai war bereits eine beliebte Touristendestination, aber Katar hatte noch niemand auf dem Schirm. Ich verstand bald, warum.

Ein Land ohne Bars, wo Zigaretten, Kartenspielen und Alkohol verboten waren. Wie hatte es mich hierher verschlagen können? Klar, das Gehalt war gut. Aber ich wollte auch einfach mal rauskommen aus dem Fußballzirkus. Für die deutsche Bundesliga reichte es nicht mehr. Mich nochmal quälen, um bei irgendeinem Zweitligaverein zu spielen, das wollte ich mir nicht antun. Abseits der medialen Aufmerksamkeit wollte ich über meine Zukunft nachdenken.

Die Stadien waren alte Klötze und viel zu groß. Für eine Menge von 40.000 gebaut, besuchten vielleicht 800 Zuschauer unsere Heimspiele. Bei meinem Ersten kam ich pünktlich zum Treffpunkt beim Stadion an, nur um

die Tore verschlossen vorzufinden. Kein Mensch da. Es dauerte, bis ich einen verschlafenen Katari ausfindig gemacht hatte, der mir mit Müh und Not erklärte, dass das Spiel eine Stunde vor Treffpunkt in ein anderes Stadion verlegt worden war. Und mir hatte niemand Bescheid gesagt! Ich raste auf die andere Seite der Stadt, um gerade rechtzeitig zum Anpfiff anzukommen.

Zwischen neun und 21 Uhr war an Rausgehen nicht zu denken, an Sport schon gar nicht. Was die Trainingszeiten stark eingrenzte. Wir trainierten einmal am Tag, wobei unser schwedischer Trainer währenddessen lustlos am Rande des Platzes auf und ab ging und rauchte. Wenn ein Wüstensturm über die Stadt fegte, fiel das Training überhaupt aus. Aus Langeweile fing ich zu diesem späten Zeitpunkt meiner Karriere an, pünktlich zu den Trainingseinheiten zu erscheinen. Ich war nun immer der Erste.

Um sieben oder acht Uhr Früh traf ich mich gewöhnlich mit Effe auf dem Golfplatz, den die Kataris mit Unmengen Wasser am Leben erhalten mussten. Ab neun Uhr zog ich mich nach drinnen zurück. Manchmal traf ich mich mit meinem Kollegen Fernando in einem Hotel zum Kaffee. Das waren die einzigen Fluchtorte vor der unerträglichen Hitze: Einkaufszentren und Hotels. Und mein Haus.

Der Verein al-Rayyan, der mich unter Vertrag genommen hatte, stellte mir eine riesige Villa im Niemandsland zur Verfügung. Sieben Schlafzimmer, ein Pool, vollklimatisiert. Aber wer sollte das alles nutzen? Ich

war mit meiner Frau und meiner Tochter gekommen. Meine Tochter konnte hier eine gute internationale Schule besuchen und sprach bereits nach wenigen Wochen besser Englisch als ich (was, zugegeben, nicht so schwer ist).

Doch nicht nur am Fußballplatz war die Lebensrealität in Katar eine völlig andere, als ich sie aus Deutschland gewohnt war. Woche für Woche ließ ich Freunde aus der Heimat einfliegen, damit ich nicht verrückt wurde. Denn die Verständigung war schwierig. Die Kataris blieben unter sich. Gleich bei unserer Ankunft sammelten die Vereinsverantwortlichen unsere Reisepässe ein. Wollte ich zurück in die Heimat fliegen, musste ich erst mal um Erlaubnis ansuchen und den Tag meiner Rückkehr angeben. Jemand aus meiner Familie musste dableiben, damit ich auch wirklich zurückkam.

Als ich eines Tages auf den Trainingsplatz trat, war von unserem schwedischen Coach nichts zu sehen. Stattdessen leitete ein katarischer Assistent die Einheit. »Wo ist denn der Coach?«, fragte ich nach Trainingsende. Ob er sich in die Heimat abgesetzt hatte?

»Gefängnis«, meinte der Assistent nur, drehte sich um und verschwand in der Kabine. Erst später sollte ich erfahren, was passiert war. Unser Trainer hatte versucht, in einem Einkaufszentrum einer katarischen Frau seine Telefonnummer zu geben. Eine schlechte Idee, denn katarische Frauen waren tabu. »Nicht ansprechen«, hatten uns die Verantwortlichen kurz nach unserer Ankunft eingetrichtert, und offenbar hatten

sie nicht übertrieben. Denn die Frau im Einkaufszentrum hatte sofort um Hilfe geschrien. Unser verdutzter Coach konnte sich gar nicht so schnell umdrehen, da war er bereits von Polizisten umstellt.

Als er ein paar Tage später wieder auf dem Trainingsplatz auftauchte, sah er ganz schön mitgenommen aus. Die Polizisten hatten ihm offenbar nicht bloß ein paar nette Fragen gestellt. Der arme Kerl hatte sich sein Leben nach den besten Jahren wohl anders vorgestellt.

Umgekehrt galt diese Regel allerdings nicht. Viele Spielerfrauen berichteten, wie sie in öffentlichen Plätzen beständig angesprochen wurden. Sie waren in ihrer westlichen Kleidung leicht zu erkennen.

Eine andere Besonderheit erlebte ich während des Ramadans. »Wenn die dich erwischen, wie du im Auto rauchst, sperren sie dich ein«, warnten mich die Klubbosse. Alkohol und Zigaretten waren ohnehin verboten, aber während des Ramadans kontrollierten die Ordnungshüter noch strenger. Die Folge davon war, dass ich kaum noch vor die Tür ging.

Richtig was los war in Katar eigentlich nur, wenn der Emir irgendwohin fuhr oder flog. Es war unübersehbar, wenn er sich in Bewegung setzte, weil die Straßen abgeriegelt wurden. Überall patrouillierten Polizisten, sogar Panzer fuhren auf. Das ganze Land stand dann still.

Es war meine Überzeugung, dass sich Menschen an die Regeln des Landes halten sollten, in dem sie lebten. Katar hatte zweifelsohne seine positiven Seiten. Das Leben verlief friedlich und ruhig. Verbrechen gab es so gut

wie keine. Alkohol und Zigaretten auch nicht, was meinem persönlichen Wohlbefinden keinen Dienst erwies, aber für die Gesundheit der Menschen sicherlich von Vorteil war. Die Menschen waren im Umgang höflich und zuvorkommend. Arbeitslosigkeit, Obdachlosigkeit oder vermüllte Straßen gab es nicht.

Doch was mir fehlte, war die Freiheit. Zum ersten Mal erkannte ich sie als etwas, was in der Luft liegen konnte. Oder eben nicht. Ich fühlte ihre Abwesenheit, wenn ich durch die Straßen fuhr, wenn ich durch Einkaufszentren spazierte, selbst wenn ich mir in Hotelbars, den einzigen Orten, die Alkohol ausschenkten, ein Bier bestellte. Solange sich die Menschen an die Regeln des Landes hielten, bekamen sie keine Probleme. Sobald aber ein Lebensentwurf davon abwich, drohten ernste Konsequenzen. Ein Katari hätte über die Probleme in Deutschland wohl die Nase gerümpft, wenn er in Zeitungen von Wirtschaftskrisen, Armut oder Kriminalität gelesen hätte. Aber in dieser Zeit wurde mir klar, dass kein Geld der Welt den Wert der Freiheit aufwiegen konnte.

Wenn ich in dieser Zeit zu Auswärtsspielen fuhr und stundenlang auf schmalen, geraden Straßen das immergleiche Bild einer endlosen Wüste sah, fragte ich mich, was nach meinem Jahr in Katar passieren würde. Die besten Jahre waren vorbei, und nun befand ich mich in einer Art Limbus, einem Zwischenstadium, einer Übergangsphase. Ich wusste, woher ich kam, doch wohin ging ich? Das konnte ich noch nicht sehen. Nur

eines war klar: Das Abenteuer Katar hatte mich verändert. Nicht als Fußballer, sondern als Mensch. Ich hatte es mit einer Offenheit angenommen, die mir neue Erkenntnisse über mich und mein Leben brachte. Mit derselben Offenheit wollte ich nach Deutschland zurückkehren. Wenn ich der Zukunft die Tür öffnete und nicht in der Vergangenheit haften blieb, würde sie etwas für mich bereithalten. Davon war ich überzeugt.

In der Meisterschaft hatten wir gegen Al-Arabi keine Chance, denn das war die Mannschaft des Emirs. Und die hatte standesgemäß den Meistertitel zu gewinnen. Zumindest errangen wir am Ende noch einen Triumph im katarischen Cup-Finale. Vor 32.000 euphorisierten Fans gewannen wir 3:2. Ich freute mich, als ich im Publikum einige wehende Deutschlandfahnen entdeckte. Das zeigte mir, dass die Kataris durchaus von mir Notiz genommen hatten.

Am Ende der Saison zeichneten sie mich als besten Mittelfeldspieler und besten Abwehrspieler aus. Obwohl die Bedingungen hier nicht mit jenen in Deutschland vergleichbar waren, hatte ich mich nicht hängen lassen. Ich war professionell aufgetreten und hatte meine Leistung gebracht. Daher konnte ich mit mir selbst zufrieden sein. Eine Fähigkeit, die ich bei Kaiserslautern gelernt hatte und die mir auch nun, in der Übergangsphase zu meinem neuen Leben, gelegen kam.

Noch in der Nacht nach dem Cupfinale saß ich bereits im Flieger nach Deutschland, mit vielen neuen Erfahrungen im Gepäck. Meine Zeit als Profifußballer ließ

ich in der Wüste zurück. Das galt jedoch nicht für meine besten Jahre. Meine Zukunft würde noch genug davon bereithalten. Ich musste nur bereit sein, die Oase statt die Wüste zu sehen.

Markus
DAS ENDE DER WELT

Wenn du dort hingehst, kannst du den Profifußball vergessen. Dann ist es aus.

Die Segel des Opernhauses leuchteten hell in der sternenklaren Nacht. Vom Wasser aus betrachtet war der Hafen ein Meer aus Lichtern. Die Hochhäuser reckten ihre blinkenden Köpfe in den Himmel. Das Bild raubte mir immer wieder den Atem.

Seit einigen Monaten lebte ich nun schon in Sydney und trainierte die Western Sydney Wanderers. Das Angebot war zu einer Zeit in meinem Leben gekommen, als ich nach etwas suchte, aber nicht wusste, wonach genau. Nachdem ich meine Fußballschuhe an den Nagel gehängt hatte, blieb ich wie vereinbart als Trainer beim VfB Stuttgart. Bald stieg ich zum Co-Trainer von Armin Veh auf. Als der ehemalige Meistermacher im November 2008 nach einer 1:4-Niederlage gegen Wolfsburg und einem enttäuschenden 11. Tabellenplatz nach 14 Spielen gehen musste, übernahm ich die Profimannschaft. Wie nahe Freude und Leid beieinander lagen, erlebte ich in

dieser Zeit. Ich führte die Mannschaft am Ende der Saison auf Platz 3 und in die Champions League.

Doch die nächste Saison zeigte sich weniger gnädig. Die Doppelbelastung aus einem Cheftrainerposten bei einem Bundesligisten und dem Fußballlehrer-Lehrgang, für den ich die notwendige Lizenz erst erwerben musste, war schlicht zu groß. Nach einem Sieg aus fünf Spielen in der Königsklasse und zwei Siegen aus 15 Spielen in der Bundesliga war es vorbei.

Für immer werden mir die hässlichen Szenen nach meinem letzten Spiel gegen Bochum als Stuttgart-Trainer in Erinnerung bleiben. Bereits vor der Partie belagerten »Fans« unseren Mannschaftbus. Nach dem Abpfiff, das Spiel endete 1:1, stürmten die Fans das Spielfeld, und nur die Polizei konnte verhindern, dass sie in die Katakomben gelangten. Das Ganze nur wenige Wochen nach dem tragischen Suizid von Robert Enke, der gezeigt hatte, was der Druck mit Profifußballern machen konnte.

Noch bevor wir das Stadion verließen, baten mich Manager Horst Heldt und Geschäftsführer Jochen Sauer zum Gespräch. »Es tut uns leid«, sagte Horst, »aber wir müssen dich entlassen.« Was ich verstand. Wir stießen auf meinen Abschied an, wünschten uns Glück und gingen im Guten auseinander.

Meine nächste Aufgabe bestand darin, den Hauptstadtklub Hertha BSC Berlin wieder in die erste Liga zu führen. Das gelang mir, doch mit den Verantwortlichen rund um Manager Michael Preetz und der vor-

herrschenden Egomanie kam ich nicht klar. Nach Engagements bei der TSG Hoffenheim und dem Schweizer Club FC Luzern stand ich im Jänner 2018 ohne Job da.

Ich hatte mittlerweile Tina kennengelernt, mit der ich bis heute verheiratet bin. Unsere Tochter Charlotta war damals zwei Jahre alt. Nachdem ich meine Zelte in Luzern abgebrochen hatte und in unser Haus in Weinheim zurückkehrte, fragte ich mich: War es das jetzt auch mit meiner Trainerlaufbahn?

Die Lust hatte mich verlassen. Seit Jahren war ich im Hamsterrad Profifußball gefangen gewesen. Nun war die Luft draußen. Meine Karriere als Trainer war zwar kürzer gewesen als meine Karriere als Spieler, doch auch hier durfte ich auf einige schöne Erfolge zurückblicken. Dritter Platz und Champions-League-Qualifikation mit Stuttgart, Aufstieg mit der Hertha. Meinen Zenit als Trainer hatte ich erreicht, das fühlte ich. Erneut stand ich vor der Frage: Was jetzt?

Zu dieser Zeit kam die Anfrage, ob ich mir vorstellen könnte, in Australien zu trainieren. »Lass uns etwas Abenteuerliches machen«, meinte meine Frau Tina zu mir, als wir eines Abends am Esstisch saßen, ein Glas Rotwein tranken und über die Zukunft nachdachten. Charlotta war noch jung genug. Also packte die Familie Babbel ihre Sachen und flog ans andere Ende der Welt, nach Down Under.

Das Land faszinierte mich vom ersten Tag an. Sydney war eine kosmopolitische Stadt mit unglaublicher Energie. Australien hatte alles: schöne Strände, wilden

Dschungel, rotgefärbte Felsen. Schon bald nahm ich die australische Lebenseinstellung an: Bleib cool. Die Menschen gingen alles mit einer gewissen Lockerheit an. Aufgrund des warmen Wetters waren selbst die Geschäftsleute häufig in T-Shirts und Shorts anzutreffen. Niemanden interessierte es, wie du aussahst. Alles lief ruhiger, gemächlicher, lockerer ab als in Deutschland. Diese australische Coolness tat mir zu dieser Zeit sehr gut und sollte mich nachhaltig prägen.

Die Western Sydney Wanderers waren fußballerisch weit von dem entfernt, was ich gewohnt war. Die Verantwortlichen erklärten mir, auf junge, eigene Spieler setzen zu wollen, eine Philosophie, der ich viel abgewinnen konnte. Fans gab es zwar nicht viele, die waren dafür euphorisch. Unsere Erfolge waren überschaubar, aber ich bemühte mich, jeden der Spieler zu einem besseren Fußballer zu formen. Dabei wusste ich, dass ich eines Tages nach Deutschland zurückkehren würde. Trotz der Schönheit Australiens rief mich die Heimat. Mir war aber auch klar, dass ich nach meiner Rückkehr wohl nicht mehr als Trainer arbeiten würde.

Anfang 2020 endete mein Trainerjob bei den Western Wanderers und damit auch die Zeit des Trainers Markus Babbel. Die Corona-Pandemie verwandelte unsere Welt nachhaltig und hielt meine Familie und mich einige Monate länger als geplant in Australien fest.

Als wir schließlich in den Flieger zurück in die Heimat steigen konnten, war mir nicht klar, wie meine Zukunft aussehen würde. Doch das Wagnis Australien hatte

mir so viele schöne Erfahrungen beschert. Offenheit, das hatte ich verstanden, zahlt sich aus. Sich auf Dinge einzulassen, steigert ihren Wert. Außerdem hatte ich begriffen, was ich in all meinen Jahren als Trainer am schönsten fand: Menschen zu begeistern. Das Feuer in ihnen zu entfachen. Selbst wenn ich das nicht mehr als Fußballtrainer tun sollte, würde es wohl eine andere Möglichkeit geben, diese Fähigkeit weiterhin auszuleben.

Mario

VIELE LETZTE MALE

Das letzte Mal war genauso berauschend und überwältigend wie das erste Mal. Ausverkaufter Betzenberg, noch einmal spürte ich den Hexenkessel der roten Teufel aus Kaiserslautern. Am 24. März 2003 kamen fast 30.000 Menschen, um FCK-Legende Harry Koch und mir die Ehre zu erweisen. Ehemalige Weggefährten begleiteten uns an diesem besonderen Abend auf den Rasen: Stefan Effenberg, Toni Polster, Thomas Häßler, Andy Möller, Jorginho und sogar der damals 73-jährige Weltmeister Horst Eckel schnürte noch einmal seine Fußballschuhe.

Der Geruch des feuchten Grases. Das dumpfe Flutlicht, hinter dem die Fans verschwimmen. Die Rufe der Zuschauer, die sich zu röhrenden Gesängen auftürmen. Mehr als zwanzig Jahre hatte ich das erleben dürfen. 493 Spiele, 113 Tore, 95 Vorlagen. Triumphe und Niederlagen,

Momente für die Ewigkeit. In all diesen Zahlen und Statistiken war ich versteckt, der echte Mario Basler. Die Wahrheit liegt auf dem Platz, das ist eine alte Fußballerweisheit. Seit meiner Kindheit stellte der Fußballplatz den Ort dar, an dem ich mir so nah war wie nirgendwo sonst. Den echten Basler findest du am Rasen. Diesen betrat ich an diesem Abend zum letzten Mal. Was dann?

Auf meinem Rücken prangte die Zehn, darüber »Super Mario«. Die Fans feierten, die Kollegen hatten Spaß, wir schoben uns die Bälle zu, griffen noch mal in die Trickkiste, lachten gemeinsam. Nach achtzig Minuten stand es 7:6 für die FCK-All-Stars gegen das Dreamteam. Aber das Ergebnis war nebensächlich. In diesen achtzig Minuten sog ich jede Ballberührung ein, als wäre sie der letzte Atemzug. Das Wissen um das Ende schärfte meine Sinne, ließ mich alles stärker und intensiver wahrnehmen. Das Leder der Fußballschuhe, den aufgeweichten Boden des Platzes, den kalten Schweiß, die Spannung, die immer in der Luft liegt, wenn sich tausende Menschen gleichzeitig auf zweiundzwanzig Männer und einen Ball konzentrieren. Es war Fußball in Reinform.

Nach achtzig Minuten pfiff der Schiedsrichter ab. Noch nie hatte ich einen so lauten, schneidenden Ton gehört. Am Spielfeldrand warteten meine beiden Söhne und meine Tochter. Sie liefen auf mich zu, ich gab ihnen einen Kuss und nahm die beiden Kleineren an der Hand. Neben Harry und seiner Familie schritten wir das Spielfeld ab. Hinter uns tollte ein Super-Mario-Maskottchen. Die Fans skandierten unsere Namen, erhoben sich von

ihren Sitzen und gaben uns ein letztes Mal ihre Unterstützung, zeigten uns noch einmal, warum wir diesen Sport so sehr liebten, warum ich ihm mein ganzes bisheriges Leben gewidmet hatte. Menschen streckten mir ihre Hände entgegen. Mit- und Gegenspieler umarmten mich. Das alles nahm ich nur nebenbei wahr, die aufmunternden Worte rauschten an mir vorbei. In diesem Chaos war ich allein, aber es war eine angenehme Einsamkeit, als ginge ich das letzte Mal durch das Haus meiner Kindheit, die Möbel waren schon alle gepackt, die Räume leer, bevor auch ich verschwinden würde, weiterziehen an einen neuen Ort, in ein neues Haus. Die Aussicht würde anders sein, das Mobiliar und die Nachbarn, aber es würde mir genauso ein Zuhause sein, wie es das alte Haus gewesen war. Am Ende der Runde wartete ein riesiger Krug Weißbier.

Der Applaus verfolgte mich noch lange, nachdem ich in der Kabine verschwunden war. Noch einmal duschen, umziehen, ein paar Interviews, mit Freunden abklatschen, dann saß ich schon im Auto vor dem Stadion. Was geschehen war, hatte noch nicht völlig von mir Besitz ergriffen. Das Erlebte breitete sich erst langsam in meinem Körper aus. Heute Abend war etwas unwiederbringlich zu Ende gegangen. Dieses Abschiedsspiel hatte mir das vor Augen geführt. Noch ein letzter Blick auf den Betzenberg, wo der Traum eines Jungen begonnen hatte und nun zu Ende gegangen war.

Es war Zeit, neue Träume zu finden.

Wie du aus jedem Jahr dein bestes machst:

Finde das perfekte Gleichgewicht zwischen dem Vertrauten und dem Unbekannten

Loslassen ist schwierig, vielleicht das Schwierigste überhaupt im Leben. Wenn die »besten Jahre« zu Ende gehen, müssen wir viel loslassen: Erfolg, womöglich Bekanntheit oder Geld, jedenfalls einen gewissen Status, einen Platz im Leben. Wie kann das gelingen?

Nachdem seine Zeit als Bundesligaspieler zu Ende ging, reiste Mario ans andere Ende der Welt, in die Wüste. Und Markus verschlug es nach seiner Trainerkarriere nach Australien.

Willst du die besten Jahre hinter dir lassen und Raum für noch bessere machen, dann musst du nicht unbedingt in einen Flieger steigen. Doch diese beiden Länder, Katar und Australien, symbolisieren etwas. Sie stehen für die Distanz zu einem Abschnitt im Leben, der nun vorbei ist und der erst aus dieser Distanz wirklich begreifbar ist. Sie stehen auch für die Offenheit, die du gegenüber neuen Abenteuern an den Tag legen musst.

Erst mit Abstand können wir wirklich begreifen und schätzen, was wir alles geleistet haben. Wir können stolz auf uns sein und auch dankbar für das, was uns widerfahren ist. Anstatt mit Wehmut an vergangene Leistungen zu denken, können wir versuchen, das Erreichte als Sprungbrett in eine neue Lebensphase zu nutzen. Die neuen Herausforderungen, denen wir uns

stellten, sowohl in der Wüste als auch in Down Under, waren zwar von europäischem Spitzenfußball weit entfernt. Und doch hatten sie eine Verbindung zu unseren besten Jahren, immerhin handelte es sich noch immer um den schönsten Sport der Welt. Auch wenn es auf den Plätzen nicht immer so ausgesehen haben mag.

Was wir damit sagen wollen: Auch wenn die »besten Jahre« vorbei sind, denk darüber nach, was von ihnen bleiben wird. Und damit meinen wir nicht die Pokale in deinem Schrank, Geld auf dem Konto oder ein Album mit Zeitungsberichten über deine Leistungen. Wir meinen die Fähigkeiten, die du erlernen durftest, und die Kontakte, die du knüpfen konntest. Damit entwickelst du eine Dankbarkeit für deine besten Jahre, die dir ein Leben lang bleiben wird. Statt Melancholie über eine vergangene Zeit, die nicht zurückkommt.

Richte den Blick nach vorne und bleib offen. Etwas Neues zu wagen, ist die beste Art, mit dem Alten abzuschließen. Das kann auf viele Arten passieren. Der harte Geschäftsführer wird zum liebevollen Papa oder Opa. Die einfühlsame Lehrerin gründet einen Buchclub oder veranstaltet Kochabende. Der zuverlässige Postbote wird zum routinierten Radfahrer oder Schwimmer. Der flapsige Fußballprofi wird zum Comedian. Klingt unwahrscheinlich? Dann lies das nächste Kapitel.

Glaub uns, wenn du offen bleibst und deine erworbenen Fähigkeiten einsetzt, wirst du schnell merken, dass die besten Jahre noch vor dir liegen. Du wirst bisher unentdeckte Fähigkeiten wahrnehmen, die in dir

schlummern, und völlig neue Seiten deiner Person kennenlernen. Das wird dein Leben bereichern, weil du mehr über dich selbst herausfinden wirst. Das ist ein größeres Geschenk, als es jeder Erfolg in deiner Vergangenheit war.

Kapitel 7

Die beste Zeit ist jetzt

Das Leben nach den besten Jahren hat endlich begonnen. Nachdem wir beide aus unseren Abenteuern in Katar und Australien nach Deutschland zurückkehrten, standen wir vor der Aufgabe, unsere Leben neu zu organisieren. Als klar war, der Profifußball war für uns vorbei, konnten wir uns zum ersten Mal seit Jahrzehnten auf völlig andere Dinge konzentrieren. Was machte uns sonst Freude? Wo lagen andere Talente als die mit dem Ball am Fuß? Was wollten wir eigentlich noch erreichen?

In den besten Jahren stellen wir uns diese Fragen selten. Warum auch? Wir wussten, was wir konnten und was wir wollten. Warum sollten wir über andere Dinge nachdenken? Erst wenn wir die Gewohnheit hinter uns lassen, sind wir gezwungen, über uns selbst nachzudenken. Das offenbart die Gelegenheit, uns noch einmal neu und besser kennenzulernen. Konfrontiert mit dem Leben nach den besten Jahren, entdecken wir, wer wir wirklich sind. Diese Entdeckung ist eine schöne, überrascht sie uns doch oft selbst. Wir bemerken, wie viele Seiten es an uns gibt, von denen wir noch nichts wussten.

Damit das Leben nach den besten Jahren gelingen kann, benötigt es vor allem eines: Mut. In unseren besten

Jahren kommt der Mut oft ganz von allein. Wir widmen uns neuen Projekten oder akzeptieren Herausforderungen, ohne lange darüber nachzudenken, ob wir das wirklich können oder nicht. Wir fühlen uns allem gewachsen. Wir hatten niemals Angst vor einem Spiel, egal um wie viel es ging. Denn wir wussten, was wir konnten.

Doch je älter wir werden, desto mehr schwindet dieser Mut. Wir verlassen bekanntes Terrain nur ungern und misstrauen unseren eigenen Fähigkeiten. Meistens völlig unbegründet. Denn die Erfahrungen, die wir in den besten Jahren gesammelt haben, helfen uns auch in den Jahren danach. Und machen sie zu einer schönen, erfüllenden und bereichernden Zeit. Wie wir beide diesen Mut aufbrachten und was uns dabei half, wollen wir in diesem Kapitel erzählen.

Mario

KIPPE, FEUER UND EINEN WODKA LEMON

2018 saß ich in einem gut ausgeleuchteten Studio irgendwo in Süddeutschland, um über Fußball zu sprechen. Seit dem Ende meiner Fußballerkarriere und ein paar Trainerstationen war ich ein gern gesehener Gast in diversen Talkshows geworden. Die Zuseher schätzten anscheinend meine ehrliche und offene Art. Ich bereitete mich nicht mit Zahlen, Fakten und Statistiken stun-

denlang auf Auftritte vor, sondern gab spontan meine Meinung zu dem ab, womit ich mich aus eigener Erfahrung am besten auskannte: dem Fußball. Wie zu Spielerzeiten nahm ich mir kein Blatt vor den Mund. Anders als zu Spielerzeiten bekam ich dafür keine Strafe, sondern sogar eine Gage.

An diesem Abend sollte ich das Publikum mit lustigen Anekdoten und markigen Sprüchen unterhalten, gemeinsam mit einem Moderator und einigen anderen Gästen. Doch kaum hatte ich es mir in einem der Ledersessel bequem gemacht, kam aus dem Halbdunkel die Stimme eines Technikers: »Die Technik macht Probleme, wir bekommen keinen Ton.«

Auf dem Gesicht des Moderators erkannte ich einen leichten Schweißfilm. Die hektisch herumeilenden Techniker machten mir klar, das Problem würde nicht so schnell behoben sein. Genug Zeit für eine Kippe. Ich stand auf und wollte von der Plattform, auf der wir Gäste Platz genommen hatten, heruntersteigen, als mir jemand aus dem Halbdunkel etwas zurief.

Im ersten Moment dachte ich, es wäre wieder ein Techniker. Doch die Stimme kam aus dem Publikum. Die Frage hatte gar nichts mit dem Thema des Talks zu tun, sondern mit meiner Spielerkarriere. Ich wollte nicht unhöflich sein, immerhin wurde ich dafür bezahlt, den Zusehern eine gute Show zu bieten, sowohl denen, die vor dem Fernseher saßen, als auch denen im Studio. Ich ließ also die Kippen wieder in meine Tasche gleiten, nahm auf dem Stuhl Platz und beantwortete

die Frage. Mittlerweile war es ein wenig heller geworden, während die Techniker noch immer versuchten, das Übertragungsproblem zu lösen. So konnte ich die Menschen vor mir erkennen. Offenbar ermutigt durch meine Reaktion, kamen bald die nächsten Fragen aus dem Publikum. Der Moderator, dessen Schweißfilm sich mittlerweile in ein kleines Bächlein verwandelt hatte, blickte verwirrt zwischen mir und dem Publikum hin und her. Die anderen Gäste lehnten sich zurück, offenbar war es ihnen ganz recht, dass ich die ungeplante Pausenunterhaltung übernahm.

Unvermutet machte mir dieser Austausch mit dem Publikum ziemlich Spaß. Bisher hatte ich immer auf die Fragen eines Moderators reagiert oder war auf die Wortmeldung eines Talkshow-Gasts eingegangen, aber hier konnte ich direkt mit dem Publikum sprechen. Dabei ging es nur am Rande um Fußball, mindestens genauso viel um Feiern, Kiffen, um das Bier nach der Arbeit, um gewöhnliche Dinge, die Fußballprofis mit jedem anderen Menschen gemeinsam haben. Ich fühlte mich frei, keine Kameras waren an, es war ein privater Raum, die Stimmung war gelöst, fast als wäre ich unter Freunden. Scherzhafte Bemerkungen flogen zwischen der Bühne und dem Publikum hin und her, bald schon war kaum mehr zu erkennen, wer was sagte, wir lachten gemeinsam und hatten eine tolle Zeit.

Als die Technik das Problem gelöst hatte, das Licht wieder gedimmt war und der Moderator zu Ruhe mahnte, konnte ich eine gewisse Enttäuschung spüren. Die

Zuseher hätten noch stundenlang so weitermachen können, im Doppelpass mit mir. Und ich ebenso.

Nach der Aufzeichnung kam mein Manager Wim im Backstagebereich zu mir. Wim vertrat mich nun schon einige Jahre und managte meinen Übergang aus dem Fußball ins Fernsehen. »Weißt du, was das gerade war?«, fragte er mich.

Ich sah ihn ratlos an.

»Das war Stand-up-Comedy!« Wim witterte offenbar eine Möglichkeit. Er hatte einen Riecher für solche Dinge. »Könntest du dir vorstellen, ein Programm zu machen?«

»Was?«, fragte ich erstaunt. »Allein auf einer Bühne stehen und reden?« So lustig das gerade eben gewesen war, so seltsam klang der Gedanke für mich.

»Lass mich mal ein bisschen nachdenken«, sagte Wim. »Wenn ich was habe, komme ich zu dir, und wir sehen uns das gemeinsam an.«

Mit dem Fernsehen hatte ich zu dieser Zeit schon Erfahrung. Nicht bloß als Talkshow-Gast. Wim hatte mir dabei geholfen, mich zu einem oft (und hoffentlich gern) gesehenen Typen im TV-Unterhaltungsprogramm Deutschlands zu machen. Ich selbst war stets ein Fan von Unterhaltungsshows gewesen, die manch einer, auch Wim, als »Trash-TV« bezeichnen würde.

Für mich war das kein Trash. Die Menschen darin waren authentisch. In Sendungen wie *Big Brother* stritten die Teilnehmer noch echt miteinander, sie folgten keinem Drehbuch und spielten keine Rollen, sondern sie

waren einfach sie selbst. Mit all ihren Macken und Verrücktheiten, ihren Schwächen und liebenswerten Absonderlichkeiten. Wo sieht man das heutzutage schon?

Diese Sendungen hatten mir bereits als Fußballer etwas geschenkt, was anderswo nur schwer zu bekommen war: Ablenkung und Leichtigkeit. Beim Gucken konnte ich mich einfach zurücklehnen und musste nicht darüber nachdenken, was dies oder jenes bedeutete, denn die Menschen sagten stets, was sie dachten. Ich fieberte mit manchen Teilnehmern mit, andere konnte ich nicht leiden, aber zu jedem hatte ich eine Meinung. Das gefiel mir. Menschen, die sich über sowas lustig machen oder glauben, das wäre nur was für Idioten, haben vermutlich einen Stock im Arsch.

Nach meiner Fußballkarriere war es daher mein Wunsch, *Big Brother* selbst zu erleben. 2016 ging das in Erfüllung, auch wenn mich Wim davor warnte, diese Entscheidung könnte mich für andere TV-Formate uninteressant machen.

Aber das war mir scheißegal.

Gemeinsam mit zwölf anderen Kandidaten und Kandidatinnen lebte ich in einer Wohnung ohne die Möglichkeit rauszukommen. Jeden unserer Schritte fingen Kameras ein. In verschiedenen Wettkämpfen mussten wir gegeneinander antreten und die Gunst des Publikums erringen. Denn von ihr hing ab, wer von uns am Ende der Woche rausgewählt wurde und wer in der Sendung bleiben durfte. Wie schon als Fußballer wollte ich auch hier gewinnen.

Es wurde eine verrückte Zeit, und ich hatte eine Menge Spaß. Wöchentlich konnten die Menschen mir dabei zusehen, wie ich mich durch lustige Aufgaben kämpfte und völlig ungefiltert sprechen konnte. Kein Gedanke daran, Strafe zahlen zu müssen, wenn ich etwas Unpassendes sagte oder tat. Der echte Mario Basler, unzensiert. Nach seinem Abgang vom Rasen tauchte er im Reality-TV wieder auf.

In der Show kam ich unter die letzten drei. Doch die harten Wochen waren nicht spurlos an mir vorübergegangen. Ich hatte abgenommen und mir eine Bronchitis eingefangen. Am Ende fragte jemand den Schauspieler Ben Tewaag, das Model Cathy Lugner und mich, warum gerade wir gewinnen sollten. Was würden wir mit dem Preisgeld machen? Ben und Cathy laberten von Spenden. Als ich das Mikrofon bekam, gab ich die einzige ehrliche Antwort: »Mir ist scheißegal, ob ihr für mich anruft. Ich habe nix zu unterstützen. Ich will nur drei Dinge: eine Kippe, Feuer und einen Wodka Lemon!«

Gewonnen habe ich nicht, aber nach der Sendung kannten mich selbst Menschen, die noch nie ein Fußballspiel gesehen haben. Anders als von Wim befürchtet, wollten die Angebote gar nicht mehr abreißen. Jeder wollte den echten, authentischen Mario Basler haben.

Aber bei *Big Brother* war ich nicht allein auf der Bühne gewesen. Auch bei den Talkrunden saß ich neben Moderator und anderen Gästen und sprach über eine Sache, von der ich Ahnung hatte, nämlich Fußball. Was sollte ich da auf einer Bühne? Als Alleinunterhalter?

Wim aber hatte Feuer gefangen. Nur kurz nach unserem Gespräch nach der Talkshow in Süddeutschland legte er mir ein Konzept vor: Basler ballert, ein Comedy-Programm mit deutschlandweiter Tour. Ein Ex-Profifußballer als Comedian. Konnte das gutgehen?

Markus
SOMMERLIEBE

1991 begann eine lebenslange Liebe. Ich war damals bei den Bayern auf dem Sprung in die erste Mannschaft und würde mein nächstes Jahr beim Hamburger SV verbringen, um Bundesliga-Luft zu schnuppern. Fußball war mein Leben, für anderes blieb wenig Zeit. Doch eine Leidenschaft erlaubte ich mir.

Am Samstag, dem 24. August 1991, war ich nach dem Vormittagstraining als Erster unter der Dusche. Als meine Kollegen in die Kabine kamen, hatte ich meine Tasche bereits gepackt. Rasch verabschiedete ich mich. Den Nachmittag würde ich frei haben. Doch an diesem Nachmittag hatte ich keine Zeit, um das Gemeinschaftsgefühl bei gemeinsamen Aktivitäten zu stärken. An diesem Nachmittag hatte ich einen Plan.

Mit dem Auto fuhr ich in den Münchner Bezirk Riem, genauer zur Galopprennbahn, auf der gewöhnlich Pferderennen stattfanden. Doch nicht an diesem Tag. Kaum hatte ich mein Auto geparkt, konnte ich die Vibrationen

im Boden spüren. Je näher ich der Rennbahn kam, desto stärker zitterte der Asphalt unter mir. Lange bevor ich es sehen konnte, konnte ich es hören. Die Bilder, die mir dabei vor Augen traten, waren nichts im Vergleich zu dem, was ich dann tatsächlich sah.

30.000 Menschen in Ekstase. Die ganze Wiese voller Männer und Frauen mit langen Haaren, lackierten Fingernägeln, Tattoos und trotz dreißig Grad Lederjacken und Springerstiefeln. Körper zuckten, sprangen, verkeilten sich ineinander. Am anderen Ende der Wiese ragte die große Bühne auf, von der eine ungeheure Energie ausging und die Menschen durchzuckte wie Stromstöße. Genau da wollte ich hin.

Kaum war ich auf das Gelände getreten, konnte ich den intensiven Geruch wahrnehmen. Es war weder der Schweiß der Menschen noch die Erde unter ihren Füßen, die mir in die Nase stieg, sondern der benebelnde Duft von Haschisch. Er lag über der Masse wie eine unsichtbare Wolke. Als braver Fußballer hatte ich damit kaum Erfahrung, und ich bemühte mich, nicht zu viel davon einzuatmen.

Ich war in bester körperlicher Verfassung, nüchtern und hatte eine Flasche Wasser mitgebracht. Während AC/DC und Mötley Crüe ihre Sets spielten, gingen die Menschen um mich herum zu Boden wie die Fliegen. Die brutale Mischung aus Hitze, Gras und Alkohol zwang sie in die Knie. Während die Sonne langsam sank und es abkühlte, konnte ich mir einen Weg durch die erschlaffenden Körper nach vorne bahnen. Die Bühne war

mein Ziel. Ich wollte so nah wie möglich herankommen an die Quelle der Energie. Es war eine Energie, wie ich sie sonst nur von den neunzig Minuten am Platz kannte. Eine Energie, die Begeisterung in allen entfesselte, die sie hörten.

Als ich vor der Bühne ankam, hatte ich den Blick noch gar nicht gehoben, als mich der Sound einer irren Gitarre hochschrecken ließ. Ich spürte, wie sich die Härchen auf meinem Körper nach oben richteten. Das Riff, das folgte, war so wahnwitzig, dass ich kein Marihuana brauchte, um high zu werden. Ich hob den Kopf, und da war sie, die Hauptband, für die ich den Weg auf mich genommen hatte: Metallica. Ich war verliebt.

Dieser heiße Tag des Jahres 1991 sollte sich unvergesslich in meine Erinnerung brennen. Ich hatte davor schon viel Rock gehört. Meine jugendliche Rebellion gegen meine Eltern fand nicht mit Drogen oder Alkohol statt, dafür war ich zu gut erzogen worden, aber immerhin mit Metal.

Während meine Eltern klassische bayrische Schlager hörten, dröhnten aus dem Zimmer meines großen Bruders Gerhard die Scorpions und Iron Maiden. Mehr als einmal blätterte ich voller Ehrfurcht durch die Platten meines Bruders. Doch erst auf dieser Wiese, inmitten der sich selbst vergessenden Menschen, wurde mir bewusst, wie wichtig mir diese Musik war.

Dabei hatte ich nie ein Instrument gespielt und auch keine besondere Singstimme. Aber das brauchte ich nicht, um Metal zu fühlen. Denn Metal ist eine Lebens-

einstellung. Obwohl Metaller oft zum Fürchten aussehen, sind die meisten handzahme und liebenswerte Menschen. Ihre persönliche Freiheit ist ihnen wichtig, sie sind meist reflektiert und kümmern sich nicht darum, was andere über sie sagen. Was sie für mich ziemlich cool macht.

Während meiner Fußballerkarriere habe ich versucht, dem Rock treu zu bleiben. Bei Auswärtsfahrten hatte ich stets die neuesten Alben meiner Lieblingsbands dabei, und wenn es irgendwo eine Musikanlage gab, war ich einer der Ersten, die auflegten. Als Fußball einen immer kleineren Raum in meinem Leben einnahm, entstand wieder Platz für die Musik.

In Australien lernte ich Pat kennen, der meine Liebe für Rock teilte. Wenn wir uns in Sydney trafen, tranken wir ein paar Bier und spielten uns Songs vor. Diese Leidenschaft zu teilen, von neuen Songs überrascht zu werden und über Bands zu diskutieren, machte meine Liebe zur Musik nur größer.

Dann jedoch kamen Corona und meine Rückkehr nach Deutschland. Persönliche Treffen waren nicht nur wegen der Distanz unmöglich, wir konnten wegen der Lockdown-Maßnahmen nicht mal unsere Heimatländer verlassen. »Warum machen wir es nicht so«, schlug mir Pat eines Tages am Telefon vor. »Jeden Freitag schicken wir uns über Instagram einen neuen Song. Der ist dann Gesprächsstoff für eine Woche, bis zum nächsten Freitag.« Ich fand die Idee toll, es war eine gute Möglichkeit, den Kontakt aufrechtzuerhalten.

Also loggte ich mich auf Instagram ein, probierte ein wenig herum, bis ich das gewünschte Lied hochladen konnte, und sendete es an Pat. Zumindest dachte ich das.

Bis ich am nächsten Tag zahlreiche Likes, Shares und Nachrichten in meinem Messenger fand. Offenbar hatte ich das Lied nicht nur mit Pat, sondern mit meiner gesamten Instagram-Community geteilt. Die wunderten sich, dass der Ex-Fußballer Markus Babbel ein Fan von Rockmusik war. Sie schienen aber von der Wahl meiner Nummern begeistert zu sein und fragten nach weiteren Tipps und Empfehlungen.

Ein seltsames Gefühl überkam mich. Ich hatte mich mit Rockmusik fast so lange beschäftigt wie mit Fußball, seit Jahrzehnten war sie mein steter Begleiter gewesen. Aber anders als im Fußball hatte ich diese Liebe nie ausgelebt, außer auf Konzerte zu gehen und Platten zu kaufen. Im Fußball war ich zweifelsohne ein Experte. Aber in der Musik?

Die Gelegenheit, meine alte Liebe mit Menschen zu teilen, versetzte mich in helle Aufregung. Und doch sträubte sich etwas in mir dagegen. Es war eine leise Stimme, die meinte: Bleib bei dem, was du kannst. Aber wer bestimmte, was das war?

Mario
BASLER BIBBERT

Noch zehn Minuten bis zum Anpfiff. Die Tribüne war voll. Die Menschen schauten auf den Platz, sie erwarteten ein Spektakel. Sie wollten unterhalten werden, wie immer, mit Tricks und überraschenden Wendungen. Auswechslung war unmöglich.

Auf Mitspieler konnte ich mich diesmal nicht rausreden, und kein Trainer war da, um mir Anweisungen zu geben. Der Ball lag bei mir, aber das Tor schien so verdammt weit entfernt.

»Mario, alles klar?«

Wim trat mit besorgtem Gesicht auf mich zu. Das war es also. Nach monatelanger Vorbereitung, nach dem Organisieren von Locations, dem Zusammenstellen eines Teams, dem Verfassen von Leitfaden und Skripten, stand ich wenige Minuten und ein paar Meter von meinem ersten Soloauftritt entfernt. Die Vorbereitung war vorbei, die Meisterschaft begann.

»Du bist ungewöhnlich ruhig«, sagte Wim.

Das stimmte. Für jemanden, dem sonst immer ein Spruch einfiel, war ich in den vergangenen Minuten ganz schön einsilbig gewesen.

Diese Eigenschaft von mir gerade jetzt zu entdecken, so kurz bevor ich eine Stunde lang fremde Menschen mit meinen Sprüchen unterhalten sollte, war verdammt schlechtes Timing. »Scheiße, Wim«, sagte ich. »Die sind

alle hier, um sich von mir vollquatschen zu lassen. Die haben Geld bezahlt.«

»Halte dich einfach ans Skript«, sagte Wim und klopfte mir auf die Schulter. »Dann kann nichts passieren.«

Das Skript. Wer nichts kann, der muss trainieren, das war immer mein Motto gewesen. Ich hatte das Skript sicher mal durchgeblättert, aber von schweißtreibender Vorbereitung konnte keine Rede sein. Und jetzt war ich nur noch fünf Stufen und einen Vorhang von siebenhundert Menschen getrennt, die hier in Kaiserslautern darauf warteten, dass ich sie zuballerte. Basler ballert. Aber in diesem Moment eher Basler bibbert.

So ruhig ich konnte, holte ich noch mal meine Kippen aus der Tasche. Rauchverbot im Innenbereich? Sicher nicht bei einer Mario-Basler-Show. Ich inhalierte tief, der Geschmack von Teer und Rauch sendete Entspannungssignale an mein Hirn. Das würde auch nicht schwieriger werden als das Champions-League-Finale gegen Manchester United.

Noch ein kurzer Blick zu meiner Familie, die etwas abseits stand und mir ihre Unterstützung gab. Ich wollte das. Ich wollte auf die Bühne. Genauso wie ich früher auf den Rasen gewollt hatte. Nie in der zweiten Reihe sitzen und zugucken, immer vorne dabei sein. Also los.

Die Kippe schmiss ich in einen Kaffeebecher, dann stieg ich die Treppen hinauf zur Bühne. Mit jedem Schritt wurde ich sicherer. Als ich den Vorhang zur Seite riss, um ins Scheinwerferlicht zu treten, war ich schon fast wieder der Alte.

Dann überkam es mich. Im Gegenlicht sah ich schemenhaft die Gesichter der siebenhundert Menschen, die alle voller Anspannung und Vorfreude zu mir schauten. Einer nach dem anderen standen sie auf, um zu klatschen. Ich war wieder im Olympiastadion von München, auf dem Betzenberg, im Camp Nou. Die Lichter, die Menschen, Applaus und Pfiffe und diese tausend Volt, die durch meinen Körper schossen, kurz bevor es losging. Ich stand wieder auf dem Platz.

Die Pointen kamen mir ganz selbstverständlich über die Lippen. Kaum bekam ich die ersten Lacher, den ersten Applaus, regte sich der Hunger in mir. Wie früher wollte ich Tore schießen, Dribblings ansetzen, gezielte Flanken schlagen. Ich wollte, dass die Zuseher die Luft anhielten, von den Sitzen sprangen und in Beifallsstürme ausbrachen. Nur waren es eben keine Tore oder Flanken mehr, sondern Anekdoten aus meinem Leben als Fußballer, Gedanken über Gott und die Welt und die Antworten auf Fragen aus dem Publikum.

Ich spielte Doppelpässe mit den Zuschauern, grätschte auch mal einen weg, aber die konnten das aushalten, die wussten ja, wofür Mario Basler stand. Jeder Witz war wie ein Freistoß, und mit dem richtigen Timing und der richtigen Flugkurve landete die Pointe jedes Mal im Netz.

Am Ende der Show gab es sogar noch Nachspielzeit, weil die Menschen nicht gehen wollten. Wir hatten alle unglaublich viel Spaß. Geschwitzt hat aber nur einer, nämlich ich. Auch das erinnerte mich an die guten

alten Zeiten. Als ich schließlich unter tosendem Applaus und Standing Ovations von der Bühne ging, zündete ich mir im Backstagebereich eine Kippe an. Zug für Zug kam ich wieder runter. Die Zigarette schmeckte so, als hätte ich gerade einen fetten Derby-Sieg eingefahren. Verboten gut.

Seit damals trete ich regelmäßig mit meiner Bühnenshow in ganz Deutschland auf. Hätte mir jemand vor zwanzig Jahren gesagt, nach meiner Fußballerkarriere würde ich allein auf einer Bühne stehen und Menschen mit meinen Sprüchen unterhalten, hätte ich ihm den Vogel gezeigt. Aber das Leben ist unvorhersehbar.

Nicht jede Show lief so gut wie die erste, so wie du nicht jedes Fußballspiel gewinnen kannst. Einmal wurde ich eingeladen, um bei einer Veranstaltung auf einem Weingut in Südtirol aufzutreten. Dreihundert oder vierhundert Menschen sollten dort sein. Als ich schließlich aus dem Auto stieg, irgendwo am Ende der Welt, und mich durch Weinreben und Ackerboden kämpfte, fand ich rund zwanzig gelangweilt dreinblickende Menschen rund um die notdürftig errichtete Bühne verteilt. Zwei saßen hinter einem Weinfass, drei waren auf einem kleinen Hügel spazieren, ein paar quatschten rund um einen Stehtisch und schienen auch nicht damit aufhören zu wollen. Betrunken waren alle. Scheiße. Das war alles, was ich denken konnte.

Von den zwanzig hörten vielleicht zwei zu, die anderen unterhielten sich über Gott weiß was. Vermutlich hatte von denen noch keiner je ein Fußballspiel gese-

hen, die waren eher die Typen für Wasserpolo. Genauso gut hätte der Veranstalter eine Playlist mit Hintergrundmusik laufen lassen können. Es war einer der schlimmsten Abende meines Lebens.

Aber, und auch das hatte ich aus meinem Leben als Fußballer gelernt, egal was kommt, du musst dein Ding durchziehen. Selbst wenn es mal nicht so läuft wie geplant oder gehofft. Zwanzig oder zweitausend Zuseher, das ist egal. Du musst Leistung bringen, alles andere wäre unprofessionell. Was nicht bedeutet, dass du in einem solchen Fall dein Stück nicht um die eine oder andere Nummer kürzen kannst.

Ich ließ ein paar Geschichten weg, und als ich fünfzehn Minuten früher fertig war als normalerweise, bemerkte das niemand. Nicht mal eine Kippe wollte ich mir noch anstecken, ich sprang sofort von der Bühne, packte mir Andreas, der mich auf der Tour begleitete, und schleppte ihn zum Auto. »Nichts wie weg«, sagte ich. Und rauchte die Zigarette dann auf der Fahrt.

Einen ähnlich bescheidenen Abend erwischte ich während der Corona-Pandemie. Veranstaltungen waren wegen der Lockdowns untersagt, also entwickelten wir die Idee, eine Show im Freien zu machen. Dafür mieteten wir ein altes Autokino. Die Idee klang witzig: Ich stand auf der Bühne, während die Zuseher in ihren Autos saßen und mit Hupe, Aufblendlicht oder Scheibenwischern klatschten. Tja, die Realität sah anders aus. Ständig blendete mich irgendeiner, sodass ich am Ende des Abends von der Bühne torkelte. Und die

ganzen Hupgeräusche! War das Beifall oder buhten die mich aus? Der ganze Spaß von dieser Show kam ja von der Interaktion mit dem Publikum. Ich wollte den Menschen zusehen können, wie sie sich halb anschissen vor Lachen. Das machte auch mir die meiste Freude. Autokino? Nie wieder.

Was ich mit diesen Geschichten sagen will: Wenn du was Neues ausprobierst, kannst du auch mal ins Fettnäpfchen treten. Das wird dir sogar garantiert passieren. Aber selbst in deinen »besten Jahren« wurde nicht alles, was du angefasst hast, zu Gold, auch wenn wir uns das im Nachhinein manchmal gern einreden. Du glaubst mir nicht? Lies noch mal das Kapitel über unsere größten Niederlagen. Dann siehst du, dass es genau diese Momente sind, die dich lehren können, mit späteren Rückschlägen umzugehen.

Je älter wir werden, je weiter wir uns von den angeblich »besten Jahren« entfernen, desto schwieriger wird es, uns zu überwinden, uns auf etwas Neues einzulassen. Aber wenn du es schaffst, dann wirst du mehr Spaß haben als je zuvor. Kannst du dir nicht vorstellen? Dann komm einfach mal in eine meiner Shows.

Markus
DER PERFEKTE PASS

In den Straßen drängten sich die Menschen. Die Lichter der Karussells und Riesenräder flackerten durch den Nachthimmel, der langsam über die altehrwürdigen Gebäude der Weinheimer Innenstadt aufzog. Bier schwappte über Krüge, der Duft fettiger gegrillter Bratwürste hing in der Luft. Es war Montagabend. Am letzten Abend der Kerwe in Weinheim gehörte das Stadtzentrum den Einheimischen. Die Busse voller Touristen waren nach dem Wochenende verschwunden. Noch immer waren tausende Menschen da, aber nun herrschte trotzdem das Gefühl, »unter sich« zu feiern.

Alle diese Menschen wollten noch einmal so richtig in die Luft gehen, ehe die Feststimmung vorüber war und der Alltag sie wiederhatte. Vor dem Café Florian, einer Weinheimer Institution, war ein Mischpult aufgebaut. Hier würden die Menschen zu den besten Titeln der 70er und 80er tanzen, von Disco-Funk bis Neue Deutsche Welle. Ein schöner, krönender Abschluss des Fests. Und wer legte auf? DJ Bavaria. Auch bekannt als Markus Babbel.

Was auf Instagram begonnen hatte, war mittlerweile zu einem lieben Hobby geworden. Nach den vielen positiven Meldungen über meine ausgewählten Musikstücke war ich schließlich über meinen Schatten gesprungen. Ich würde als DJ sicher nicht so gut werden wie

als Fußballer, aber warum sollte das wichtig sein? Ich konnte Menschen mit Musik Freude machen und selbst dabei glücklich sein. Was konnte ich mehr wollen?

Ich legte mir ein Mischpult zu und erstellte Playlists. Ich arbeitete an den Übergängen zwischen den Stücken, ein Titel musste in den anderen fließen, ohne dass die Hörer durch abrupte Wechsel aus dem Takt kamen. Wie ein gefühlvoller Pass genau in den Lauf, bei dem der Mitspieler seine Geschwindigkeit nicht verringern muss.

Auch an der Setliste arbeitete ich voller Motivation. Ein guter DJ braucht eine ausgewogene Setliste. Er muss wissen, mit welchen Titeln er das Tempo anziehen kann und welche Stücke zum eng umschlungenen, ruhigen Tanzen und Luftholen taugen, ohne Langeweile aufkommen zu lassen. Genau wie eine Fußballmannschaft kann auch ein DJ nicht ständig angreifen, er muss ein gutes Gleichgewicht finden, den Rhythmus vorgeben, damit die Menschen sich stundenlang der Musik hingeben können.

Meine ersten Gigs fanden vor kleinem Publikum statt, etwa im Café Central in Weinheim. Dabei erkannte ich, dass ich als DJ genauso ein Teamplayer war wie als Fußballer. Es ging mir nicht darum, mich selbst mit ausgefallenen Tracks oder Mischungen in den Vordergrund zu stellen. Ich wollte den Menschen eine tolle Musik bieten, die Erinnerungen in ihnen wachrief, Emotionen weckte, die sie ihre Sorgen vergessen ließ und zu der sie sich ganz ihren Bewegungen hingeben konnten.

Ich selbst hatte es immer gehasst, wenn DJs einen Song abbrachen, wenn ich gerade erst bei ihm angekommen war, nur um schon den nächsten zu spielen. So wie gute Spieler viel Freiraum brauchten, so musste ein DJ guten Songs ihre Zeit geben. Nicht zu viel eingreifen, sondern die Musik des Abends sanft lenken. Und damit auch die Zuhörer.

Nicht jeder Gig war ein Erfolg. Bei einem Kulturfestival, wo ich mit zwei anderen DJs auflegte, kamen vielleicht fünfzig Menschen. Jeder DJ hätte zwei Stunden auflegen sollen, aber bei der Menge war das unmöglich.

»Machen wir es so«, sagte ich meinen zwei Leidensgenossen, »jeder von uns spielt drei Lieder, dann steigt der andere ein, und so wechseln wir uns ab. Schauen wir einfach, wie lang es geht.« Tatsächlich ging es dann ziemlich lang, und wir drei hatten ziemlich viel Spaß.

Vor so einem großen Publikum wie an diesem Abend in Weinheim hatte ich jedoch noch nie gespielt. Ich hatte keine Ahnung, wie diese mehr als tausend Menschen, verstreut über den Weinheimer Marktplatz und die Seitengassen des mittelalterlichen Orts, auf meine Musik reagieren würden.

Ich atmete tief durch und fuhr in den Tunnel ein. Wie vor den wichtigen Spielen gab es jetzt nur noch mich und die bevorstehende Aufgabe. Ich wusste, was zu tun war, und ich würde es tun. Keine Nebengeräusche, keine Zweifel. Ich packte das Mikrofon.

»Weinheim, geht's euch gut?« Die Menge schrie. Die Menge war bereit.

Ich setzte die Kopfhörer auf, startete den ersten Song, drehte den Regler hoch. Die Musik schallte aus den Boxen, die Menschen begannen zu singen und zu tanzen. Energie pulsierte durch die Menge, sonderte sich von den Körpern ab wie Wärme. Hinter dem Mischpult, hinter der Musik, stand ich und sog diese Energie auf, war dankbar für jeden Moment. Die beste Zeit war jetzt.

Wie du aus jedem Jahr dein bestes machst:

Lerne dich noch einmal völlig neu und besser kennen

Was ist Mut? Mut hat nicht unbedingt etwas damit zu tun, deine Fähigkeiten vor einer Menschenmenge unter Beweis zu stellen. In unseren Fällen bedurfte es Mut, auf die Bühne oder hinter das Mischpult zu gehen, aber das ist nicht die Hauptsache.

Worum es geht, ist der Mut, eine neue Seite der eigenen Persönlichkeit zu offenbaren. In den »besten Jahren« bildet sich eine Identität für dich heraus, die du nur schwer wieder abstreifen kannst. Du bist der Fußballer, die Mutter, der Arzt. Vielleicht auch die Fitteste deiner Freundinnen, die jeden Marathon läuft, bis sie es irgendwann nicht mehr tut. Oder der Klügste in der Runde, der alles über Geschichte und Politik weiß, ehe diese Position irgendwann an jemand Jüngeren geht, der mehr weiß oder schneller denken kann.

Es ist wichtig zu wissen, wer wir sind. Manchmal aber verwechseln wir das, was wir waren, mit dem, was wir sind.

Wir werden stets in erster Linie als Fußballer betrachtet werden, und das ist auch in Ordnung so. Aber wir sind nicht stehen geblieben. Wir haben uns weiterentwickelt. Und mittlerweile kennen uns viele Menschen auch aus dem Fernsehen, besuchen Marios Bühnenshow oder hören Markus' Musikempfehlungen. Das führt dazu, dass wir neue Menschen kennenlernen, über neue Themen sprechen können und eine neue Welt für uns entdecken.

Der Einstieg in diese neue Welt ist es, der uns Mut kostet. Was, wenn die anderen uns in dieser neuen Rolle nicht akzeptieren? Wenn sie uns immer als das sehen, was wir waren? Wenn sie über uns lachen (oder, in Marios Fall, gar nicht lachen, was noch schlimmer wäre)?

Dabei darfst du aber eines nicht vergessen: Es ist scheißegal, was die anderen denken. Du möchtest gärtnern? Gitarre spielen? Mach, worauf du Lust hast.

Das Wichtigste ist, dir eine Aufgabe zu suchen, die dich erfüllt. Wenn du eine Leidenschaft dafür entwickelst, werden andere diese neue Seite an dir akzeptieren. Sie werden sich beeindruckt zeigen von deiner Verwandlung. Und du wirst dich bald schon darüber wundern, wie eindimensional deine Perspektive während deiner »besten Jahre« war, wie viel du damals gar nicht mitbekommen hast und wie viel unentdecktes Potenzial noch in dir steckt.

Kapitel 8

Die Weisheit der besseren Jahre

Nach den besten Jahren kommen die besseren Jahre. So war es für uns, und so kann es für alle anderen auch sein. Wer im vorgerückten Alter zufrieden mit dem ist, was er hat und kann, und sich so akzeptiert, wie er ist, wird nicht nur großes Glück finden, sondern auch seine Vergangenheit in neuem Licht sehen.

Wir brauchen die »besten Jahre« nicht zu verklären. Natürlich haben wir in unseren aktiven Fußballerjahren die größten sportlichen Erfolge gefeiert. Dafür haben wir jetzt viel mehr Zeit für die Familie. Wir entdecken uns neu, sei es auf der Bühne oder hinter dem DJ-Pult. Wir können uns mehr Zeit für uns selbst nehmen, für das Kartenspielen mit Freunden etwa. Wenn wir (also eigentlich: Markus) heute beschließen, laufen zu gehen, dann tun wir das, weil wir das wollen, und nicht, weil es irgendein Trainer vorgibt. Wir leben selbstbestimmter, freier, näher bei uns selbst als vor zwanzig Jahren.

Welche Jahre sind also wirklich die besten? Mit ein wenig Ironie und Selbstreflexion betrachtet, ist das gar nicht mehr so leicht zu sagen. Vielmehr haben wir gelernt, für alle Jahre dankbar zu sein. Was auch immer passiert, es passiert zur rechten Zeit. Denn es gibt nun

mal nur die Gegenwart, in der wir leben. Uns also zu fragen, ob sie besser oder schlechter ist als unsere Vergangenheit oder Zukunft, bringt bloß Unzufriedenheit. Die Vergangenheit ironisch betrachten zu können, ohne sie zu verklären, und der Zukunft gelassen zu begegnen, mit diesen beiden Fähigkeiten wird jeder Moment zum besten, den wir erleben können. Zum Abschluss des Buchs haben wir uns an einen Tisch im Münchner Café Central gesetzt, die Altwiener Kaffeehausatmosphäre genossen und bei Krabbencocktails über einige wichtige Erkenntnisse gesprochen, die wir aus den besten Jahren gezogen haben, und über unser Leben heute. Vielleicht helfen sie ja auch dir. Und wenn nicht, hast du wenigstens was zu lachen. Das ist nämlich noch ein Geheimrezept, um aus jedem Jahr das beste zu machen: über sich lachen zu können.

Was haben wir aus den besten Jahren mitnehmen können?

Mario Ich habe viel mitnehmen können, aber vor allem habe ich Demut gelernt. Durch große Niederlagen wie im Champions-League-Finale. Um das zu schaffen, braucht es einen Wettkampfcharakter, der heute nicht mehr so viel gilt. Den Kids von heute sagt man, dass es egal ist, ob sie gewinnen oder verlieren. Dabei lernt man durch Niederlagen wichtige Lektionen. Die gehören zum Leben dazu. Du hast

selbst in der Hand, wie du damit umgehen willst. Neben Demut auch Dankbarkeit, das Hobby zum Beruf machen zu können.

Markus Für mich wären das drei Wörter: Demut, Disziplin, Zuverlässigkeit. Nicht nur beruflich, auch privat. Und natürlich auch die Dankbarkeit, heute finanziell abgesichert zu sein. Der Fair-Play-Gedanke war für mich auch immer wichtig. Den Rechtsruck in Deutschland verfolge ich mit großer Sorge. In der Kabine gibt es keinen Fremdenhass, du spielst mit allem zusammen, was auf der Welt so rumläuft, und ihr habt das gleiche Ziel. Das schweißt zusammen. Auf dem Platz sind alle gleich. Diese Kulturen kennenzulernen, hat mir viel Spaß gemacht. Solange sich alle an die gleichen Spielregeln halten, kann es funktionieren. Das habe ich selbst erlebt. Dieser Teamgedanke fehlt uns heute oft, habe ich das Gefühl. Die Leute sollten wieder mehr Mannschaftssport machen. Man gewinnt gemeinsam, man verliert gemeinsam.

Wie wichtig ist das Geld, um glücklich zu sein?

Mario Natürlich muss ich heute auch noch Geld verdienen. Wir waren ja noch eine andere Generation von Fußballern, da wurde man noch nicht so zugeschüttet mit Geld, obwohl auch wir gut verdient haben. Aber ich will mir ja nicht nur für mich

was aufbauen, sondern auch für meine Kinder und Enkelkinder. Ich habe drei Kinder und vier Enkel. Trotzdem möchte ich mit den Spielern heute nicht tauschen. Wir konnten viel freier sein. Nicht alles, was wir gemacht haben, landete gleich im Internet. Social Media und Handys gab es noch nicht. Das war schon angenehm.

> **Markus** In erster Linie brauchst du eine Aufgabe, die dich ausfüllt. Die dir Spaß macht. Wie wird man zufrieden? Indem man das tut, was einem Spaß macht. Du brauchst die Aufgabe. Geld allein schafft diese Zufriedenheit nicht, egal wie viel du verdienst. Ohne Aufgabe wirst du früher oder später unglücklich.

Mario Ich könnte nicht den ganzen Tag zu Hause bleiben. Konnte ich damals nicht, kann ich heute noch nicht. Ich würde verrecken. Ich hätte ständig Krieg mit meiner Frau. Ich bin zwölf, vierzehn Tage im Monat unterwegs und den Rest zu Hause. Das ist genau die richtige Mischung. Ich muss nicht jeden Tag rumrennen, sondern habe genug Freizeit. Ich habe das Privileg, dass ich nicht jeden Auftrag annehmen muss, der reinkommt, sondern mir aussuchen kann, was ich machen will. Das ist natürlich super.

Was genießen wir heute mehr als früher?

Mario Freizeit. Die war mir immer schon wichtig, aber heute genieße ich sie noch mehr als früher. Wenn du mal ein paar Tage am Stück zu Hause bist und einfach machen kannst, was du willst. Ich kann mich abends mit den Jungs treffen, ein paar Bier trinken, eine Runde knobeln oder kegeln oder sonst irgendwas. Diese Tage, wo ich nichts tun muss, die genieße ich richtig. Da liege ich zu Hause in der Jogginghose auf der Couch, habe meine Badelatschen an und mach gar nix. Geh vielleicht mal mit dem Hund raus, das war's. Donnerstag wird immer geknobelt mit den Jungs. Darauf freue ich mich oft schon Tage im Voraus. Wenn ich unterwegs bin, ein Auftritt nach dem anderen, sitze ich abends im Hotel und denke an diese Knobelrunden. Dass diese kleinen Dinge so schön sein können, das habe ich erst nach der Karriere gemerkt.

Markus Ich genieße definitiv die Zeit mit guten Menschen mehr als früher, kann sie heute mehr schätzen. Darauf habe ich einen ganz anderen Blickwinkel. Früher war ich in einem Tunnel, zu Hause war ich oft müde und kaputt und wollte eigentlich niemanden mehr treffen. Heute mache ich das viel bewusster, pflege meine sozialen Kontakte, treffe Freunde, gehe mit meiner Frau aus. Gute Zeit mit guten Leuten, das mache ich heute viel bewusster und genieße es extrem.

Wie gehen wir damit um, dass sich unsere Körper im Alter verändern?

Mario Mir war das schon immer wurscht. Ich guck da gar nicht hin. Wenn ich abends drei Brote verdrücke, dann weiß ich, in zwei Wochen habe ich fünf Kilo mehr. Aber ich weiß auch, dass die genauso schnell wieder runtergehen. Dann esse ich halt mal länger abends nichts mehr. Ein Fitnessstudio sieht mich jedenfalls nicht mehr von innen, das hatte ich genug. Ich bin 56 Jahre alt, was soll ich meinem Körper noch zeigen? Ich habe kein Problem, wenn ich ein bisschen einen Kessel kriege. Ist halt so, der Lauf der Dinge.

Markus Ich bin da schon ein bisschen eitel. Die Haare kann man nicht beeinflussen, aber den Körper schon. Meine Frau ist fast zehn Jahre jünger, der möchte ich schon noch gefallen. Ich esse und trinke, was ich will, dafür muss ich aber auch was machen. Gehen lassen will ich mich jedenfalls nicht.

Mario Ich habe schon als Spieler abends um halb elf Wurstsalat mit Pommes aufs Zimmer bestellt, wenn wir am nächsten Tag Match hatten, Pizza oder Currywurst gefressen vor dem Spiel. In Bremen habe ich zehn Minuten, bevor wir zum Aufwärmen raus sind, mit dem Vorstand eine Runde Skat gespielt. Habe zwei Wiener mit Senf dabei verdrückt. Das ist heute undenkbar. Hat mich aber nie gestört.

Was war unser schönster Titel?

Mario Für mich war das klar die erste deutsche Meisterschaft. Das ist es, was du als Fußballer in deinem Leben einmal erreichen willst. Dafür arbeitest du das ganze Jahr, 34 Spieltage lang. Mit den Bayern bist du in jedem Stadion gehasst worden, jeder wollte gegen dich gewinnen. Und wenn du am Ende als Meister dastehst, ist das ein unbeschreibliches Gefühl.

Markus Es war verrückt, wie selbstverständlich bei den Bayern alles war. Da wird man deutscher Meister, kommt nach drei Wochen aus dem Urlaub zurück, und alles ist vergessen. Damit hatte ich schon manchmal Mühe, so schnell wieder auf den Boden zurückgeholt zu werden. Einen Titel auszuwählen, das ist schwierig. Jeder war auf seine Art besonders. Die Europameisterschaft mit Deutschland, die erste Meisterschaft mit den Bayern, der UEFA-Cup mit Liverpool oder auch die Meisterschaft mit Stuttgart ... Vielleicht war es sogar mein erster »richtiger« Titel, der Jugendtitel mit der B-Mannschaft der Bayern. Da waren wir wirklich noch »elf Freunde« am Platz, eine wunderschöne Erfahrung.

Welchen Blick haben wir heute auf unsere Fußballerkarriere?

Markus Im Nachhinein denke ich mir: So schlecht war die Karriere nicht. Währenddessen hast du immer mal Selbstzweifel oder Tiefs, aber die darfst du nicht an dich ranlassen, du musst immer Leistung bringen. Jedes Jahr gibt es einen neuen Konkurrenzkampf, Spieler, die deine Position einnehmen wollen. Du kannst dich nie auf Erfolgen ausruhen. Dazu kommen die ganzen Medien, bei uns damals die *BILD*, die jede Woche irgendwas gebracht hat. Das ist extrem anstrengend und kräftezehrend. Da bleibt fast gar keine Zeit, mal durchzublasen und auf das zu schauen, was man erreicht hat. Im Nachhinein kann ich sagen: Das war schon echt gut. Das erfüllt einen mit Zufriedenheit, die konnte man während der aktiven Karriere gar nicht immer so empfinden.

Mario Ich habe erst so richtig begriffen, was ich erreicht habe, als ich von den Bayern wegging. In Kaiserslautern wussten wir, die Chancen, einen Titel zu holen, sind sehr gering. Da bekommt man eine andere Perspektive. Wenn ich heute so zurückschaue, habe ich in neun Jahren Bundesliga zwei Meistertitel geholt, bin zweimal Pokalsieger geworden, einmal Torschützenkönig. Das kann ich erst heute, im Rückblick, richtig einschätzen und sagen: Das war schon eine gute Leistung.

Was ist wichtig, um erfolgreich zu sein?

Mario Im Fußball geht nichts über die Mannschaft. Wenn du Grüppchen hast, die gegeneinander arbeiten, dann funktioniert es nicht. Bei meinem letzten Jahr bei den Bayern war das so. So viele gute Spieler, aber so viele Unstimmigkeiten. Warum wurde Bayer Leverkusen 2024 deutscher Meister? Weil das eine unglaubliche Truppe war, der Zusammenhalt war riesig. Bist du keine Mannschaft, hast du im Fußball keine Chance.

Markus Dazu musst du als Spieler wissen, in welche Kategorie du gehörst. Du musst dich einschätzen können. Bin ich ein Häuptling oder ein Soldat? Du kannst nicht elf Häuptlinge auf dem Platz haben, aber drei oder vier brauchst du. Du musst wissen, was deine Aufgaben sind, und abliefern. Nicht permanent diskutieren. Finde deine Aufgabe und erledige sie. Du musst dich einordnen können, das heißt manchmal auch unterordnen.

Mario Genau, jeder hat seine Aufgabe gehabt, als wir mit den Bayern erfolgreich waren. Jeder wusste von jedem, was seine Stärken sind. Markus wusste genau, wenn ich nach hinten laufen muss, breche ich mir höchstens die Beine. Aber nach vorne, da geht was. Also hätte er nie von mir verlangt, dass ich zwanzig Mal grätschte. Meine Mitspieler wussten,

was ich konnte und was nicht. Das ist ein Geheimnis des Erfolgs: jeden so einzusetzen, dass er sein ganzes Potenzial entfalten kann. So spielen, dass du für die Mannschaft das Beste rausholst, nicht für dich selbst. Das heißt auch, die anderen Spieler mit ihren Stärken und Schwächen zu akzeptieren.

Markus Das ist auch die größte Kunst eines Trainers: genau zu wissen, was zusammenpasst. Heute sprechen alle über Taktik. Wenn du eine funktionierende Truppe auf dem Rasen hast, ist die Taktik nicht entscheidend. Die geben füreinander Gas, die geben hundert Prozent. Nicht für sich, sondern für die Mannschaft. Und dann funktioniert das Ganze.

Was würden wir in unserer Karriere anders machen?

Mario Für mich ist das relativ einfach. Ich würde alles wieder so machen. Vielleicht ein bisschen professioneller leben, mehr trainieren oder so. Aber wer weiß, ob ich dann überhaupt so erfolgreich geworden wäre? Das Wichtigste war, ich habe immer meinen Spaß gehabt. Mir war immer wichtig, meine Meinung zu sagen, geradeheraus, auch wenn es nicht allen passt oder mal wehtut. Ich würde also sicher nicht leiser sein.

Markus Ich würde vielleicht früher aus der Nationalmannschaft zurücktreten, unter Ribbeck hatte ich von Anfang an ein schlechtes Gefühl. Das bedaure ich noch heute. Aber sonst bin ich immer meinem Bauchgefühl gefolgt, und das hatte eigentlich meistens recht. Klar macht man Fehler, aber die gehören dazu. Die würde ich nicht ändern wollen, aus denen lernst du ja.

Was würden wir unserem jüngeren Ich sagen?

Mario Ich würde dem sagen: Warum hast du vier Jahre zweite Bundesliga gespielt? Frechheit.

Markus Ohne Fleiß kein Preis. Egal ob im Fußball, in der Wirtschaft oder sonstwo. Wenn du fleißig bist, kannst du was erreichen. Und das war ich. Wichtig ist, dass du dabei nicht verkrampfst. Sondern Leidenschaft spürst. Also eigentlich würde ich meinem jüngeren Ich nur sagen: Pass auf, versuch Gas zu geben. Versuch trotzdem, Spaß zu haben. Und verhalte dich anständig.

Wenn wir auf unsere Karrieren zurückblicken, wie glücklich schätzen wir uns?

Mario Als Kind war ich im Betzenberg und hab davon geträumt, einmal in einem Fußballstadion spielen zu dürfen. Was für ein Privileg, mal da drin rumzuhopsen. Du musst das auch vergleichen mit Menschen, die morgens um sechs Uhr aufstehen und um sieben Uhr im Büro sitzen. Ich bin morgens auf den Trainingsplatz gegangen, manchmal auch nachmittags. Dafür habe ich viel Geld bekommen. Das Schönste aber war, dass ich zu Hause genau die gleichen Dinge tun konnte wie vor meinem Leben als Profi. Bin zu meinen Eltern gefahren, hab mir Papa geschnappt, und wir sind abends in eine Kneipe gegangen, um ein Bierchen zu trinken. Dieses normale Leben abseits des Rasens war das größte Glück.

Markus Millionen Kids wollen Profi werden, und ausgerechnet du schaffst es. Da solltest du schon Demut haben. Noch dazu durfte ich bei einem Klub spielen, bei dem es um was ging, wo wir Titel gewinnen konnten. Was nicht heißt, dass es nicht auch Tage gab, wo einem alles auf den Arsch ging. Dann braucht man den Hinweis eines lieben Menschen, wie glücklich man sich schätzen darf, weil das alles nicht selbstverständlich ist.

Was hat sich im Fußball seit unserer Zeit verändert?

Mario Man zieht ja immer Vergleiche. Wer waren die Besten? Die 54er-Generation, 74er-Generation, die 90er? Ich glaube, das lässt sich gar nicht miteinander vergleichen. Bei uns gab es keine Handys, kein Social Media. Wir konnten uns viel freier bewegen. Es gab auch keine technischen Hilfsmittel wie zum Beispiel den Video Assistant Referee heute. Wir konnten noch diskutieren. Gefühlt waren alle früher etwas entspannter, die Schiedsrichter und die Gegner. Alles ist schneller geworden, größer. Heute verdienen die Spieler zwar mehr Geld und sind durch das Internet präsenter, als wir es damals waren, aber es waren schon goldene Zeiten für uns damals.

Markus Jede Zeit hat ihre Vor- und Nachteile. Die Individualität wird wohl weniger. Man versucht, junge Spieler heute alle gleich zu formen. Die Unbekümmertheit von damals fehlt heute ein Stück weit. Alle sind von klein an schon total professionalisiert, man hat das Gefühl, die Zwölfjährigen würden Fußball bereits als Job betreiben und nicht als Hobby. Das Problem ist, dass aus einem Jahrgang vielleicht ein Prozent mal Profi wird. Die anderen fallen durch und kommen damit vielleicht nicht klar. Ich hatte das

große Glück, nie über sowas nachdenken zu müssen. Meine Eltern haben mir nie Druck gemacht. Ich habe aus Spaß gespielt, der Rest hat sich ergeben.

Die Kids müssen heute große Verantwortung tragen. Als Trainer bei der Hertha habe ich mal einen Jungen von den Amateuren zu den Profis geholt, der war 18 Jahre alt. Am Tag des ersten Trainings hat sein Vater den Beruf aufgegeben, weil er dachte, der Junge wird sich jetzt eh um die Familie kümmern. Wie soll der das schultern?

Vor kurzem hat mich ein alter Freund gefragt, ob ich mal vorbeikommen will, er trainiert eine Nachwuchsmannschaft. Ich habe ein Training mit den Kids gestaltet, und dann gab es eine Fragerunde. Die erste Frage war: Wie viel verdienst du? Das war für mich immer zweitrangig, der Fußball bietet so viel mehr als Geld. Ich wollte einfach spielen, auf dem Platz stehen. Das Geld macht den Fußball ein Stück weit kaputt. Es zieht viele Ahnungslose an, die einen Fußball nicht von einem Golfball unterscheiden können, aber mitverdienen wollen. Auch bei den großen Organisationen, FIFA und UEFA, geht es nur noch darum, so viel Profit wie möglich rauszuholen. Profifußballer haben heute maximal drei Wochen Urlaub im Jahr, in den sie auch noch Trainingspläne mitnehmen. Das schaffst du ja in der Birne nicht mehr. Alles muss größer, höher, weiter sein. Das ist gefährlich.

Abseits vom Fußball, wie hat sich in unseren Augen die Gesellschaft seit unserer Profizeit verändert?

Mario Wir befinden uns in einer schwierigen Situation. Wie soll sich eine Familie das Leben heute noch leisten? Von Jahr zu Jahr wird das härter.

Die finanziellen Möglichkeiten sind heute einfach zu begrenzt. Selbst wenn in einer Familie beide arbeiten gehen, wenn sie Kids haben, können sie sich kaum mehr ein normales Leben leisten. Du merkst es überall, an der Tankstelle, beim Einkaufen. Dann braucht es einen nicht wundern, was in Deutschland passiert. Politiker kämpfen mehr miteinander, als dass sie an die Menschen denken, die sie wählen. Gruppen wie unsere Rentner werden dabei komplett vergessen. Die haben das Land mitaufgebaut, und jetzt interessiert es keinen Menschen, dass die teilweise mit zweihundert Euro im Monat durchkommen müssen.

Wie sich unsere Gesellschaft verändert hat, merkt man auch an der Art, wie wir miteinander streiten. Früher sind Menschen mit den Fäusten aufeinander losgegangen, haben sich auch mal in die Fresse gehaut, aber dann sind sie in eine Kneipe und haben zusammen ein Bier getrunken. Heute musst du aufpassen, dass dich in der Stadt keiner absticht.

Es ist traurig, dass ich als Deutscher selbst unzufrieden bin mit dem Land. Natürlich haben wir große

Vorteile, das steht außer Frage. Wir sind versichert, haben ein Gesundheitssystem, ein Bildungssystem, gute Straßen und so weiter. Aber darauf kann man sich ja nicht ewig ausruhen, diese Dinge können sich ja auch ändern. Wir Bürger sind nur noch da, um zu bezahlen. Ich mache mir große Sorgen um unsere Kids. Ich bin stolz, Deutscher zu sein, aber wir müssen dringend was ändern.

Markus Mir macht vor allem der Rechtsruck Angst. Das ist nicht nur ein deutsches, sondern ein weltweites Problem. Mir macht Sorge, dass Menschen an die Macht kommen, die weit rechts stehen. Ich hatte das Glück, verschiedenste Kulturen kennenzulernen. Und das wünsche ich mir für das Land, in dem ich lebe. Was nicht heißt, dass sich Menschen, die in unser Land kommen, nicht an unsere Regeln zu halten brauchen. Das habe ich genauso machen müssen, egal wohin ich ging. Das muss man von jedem erwarten können, der eine neue Heimat sucht. Wir alle müssen etwas für die Gesellschaft tun, in der wir leben, wir alle müssen unseren Anteil erbringen. Da sehe ich noch einigen Aufholbedarf.

Was hätte ein Mario Basler gern von einem Markus Babbel gehabt, was ein Markus Babbel gern von einem Mario Basler?

Mario Deine Antwort kenne ich schon: alles. Aber vor allem den Körper.

Markus Das hättest du gern!

Mario Spaß beiseite, den Ehrgeiz vom Markus hätte ich gern gehabt, diesen unbedingten Willen vor jedem Spiel und das professionelle Leben. Das sind drei Punkte, die ich mir gern von Markus mitnehmen würde.

Markus Marios rechten Fuß. Meiner war schon nicht schlecht, aber der von Mario war noch mal andere Ware. Und vielleicht diese Lockerheit. Bei aller Disziplin muss man eine gewisse Lockerheit an den Tag legen, sonst funktioniert es nicht. In der einen oder anderen Situation war ich vielleicht zu verbissen, konnte das Leben zu wenig wertschätzen. So locker bleiben zu können wie Mario, das wäre ganz cool gewesen. Diese Mischung aus Anspannung und Entspannung, die hat Mario hervorragend hinbekommen.

Was wünschen wir uns für das »Leben nach den besten Jahren«?

Mario Ich hoffe, dass ich weiterhin so gesund bleibe. Ich hatte schon während meiner Karriere kaum Verletzungen, trotz der vielen Sprints nie Muskelfaserrisse ...

Markus Du hast ja auch keine Muskeln!

Mario Ruhe! Jedenfalls, die Gesundheit. Dass keiner über Nacht eine Krankheit bei mir entdeckt. Mehr wünsche ich mir nicht. Die Gesundheit ist das Wichtigste für mich. Wenn ich die nächsten zwanzig Jahre so erleben darf wie jetzt, dann bin ich der glücklichste Mensch.

Markus Ich wäre dankbar, wenn ich meine innere Zufriedenheit behalten könnte. Mir ist wichtig, dass meine fünf Kinder gesund bleiben und glücklich sind, dass sie den richtigen Weg für sich finden. Wenn das klappt, dann wäre ich sehr dankbar.

Wie sollen uns die Menschen mal in Erinnerung behalten?

Mario Wir werden keinen Franz-Beckenbauer-Status erlangen. Aber ich denke, wenn Menschen zurückdenken, sollen sie nicht über einen schimpfen. Sie sollen sich erinnern, dass man Spaß haben konnte mit mir. Hauptsache, es geht keiner hin und sagt: Was war denn das für ein Arschloch.

Markus Ganz klar. Die sollen sagen: Er war ein anständiger Kerl.

Mario Genau. Die Leute sollen sagen, das war ein toller Typ. Eigentlich. Eigentlich war er ein toller Typ.

Was waren nun eigentlich unsere besten Jahre?

Mario Für mich kann ich drei Lebensabschnitte definieren. Zum einen das Aufwachsen, ich habe eine wunderbare Familie gehabt, ein tolles Elternhaus. Durfte rausgehen und kicken, durfte mich austoben, ohne Druck.

Dann kam der zweite Abschnitt, das Leben als Fußballer. Damit konnte ich mein Hobby zum Beruf machen. Und jetzt befinde ich mich im dritten Abschnitt. Klar, die schönsten Jahre liegen noch vor mir. Ich bin jetzt in einem gewissen Alter, bin ruhiger, sehe vieles mit anderen Augen. Kann mehr genießen. Beste Voraussetzungen also.

Markus Unterschreibe ich sofort. Du hast einfach so verschiedene Lebensphasen, und jede Phase hat ihre Höhen und Tiefen. Jede ist für dich die schönste, die sie in dieser Zeit sein kann. Diese Lebensphasen prägen dich, machen dich zu dem, der du bist. Jetzt sind wir mehr oder weniger schon in der zweiten Halbzeit. Ich hoffe, dass ich nicht in der siebzigsten Minute ausgewechselt werde, sondern neunzig durchspielen kann, vielleicht sogar mit Verlängerung. Mit einer taktischen Auswechslung in der 89. könnte ich aber auch leben. Solange ich mich immer weiterentwickeln kann, immer was Neues dazulernen. Und die Lebensqualität halten. Da hat ja unsere Generation zu der unserer Eltern schon riesige Fortschritte gemacht. Jedenfalls möchte ich immer neugierig bleiben. Was kommt noch alles auf mich zu? Ich weiß es nicht, keine Ahnung. Aber es wird sicher spannend werden.

Epilog

Die besten Jahre kommen noch

Was jeder von uns braucht, um Glück im Leben zu finden, ist eine Aufgabe. Je unlösbarer die Aufgabe, desto besser. Für uns bestand die Aufgabe für viele Jahre darin, so gut Fußball zu spielen, wie es uns möglich war. Zu versuchen, jedes Spiel und jeden Titel zu gewinnen. Wenn es gelang, freuten wir uns. Und probierten es weiter. Und wenn es uns nicht gelang, putzten wir uns den Mund ab. Und probierten es weiter.

Es ist dieses *Weiter,* das unseren Jahren Sinn gibt und unserem Leben Glück schenkt. Wenn die »besten Jahre« vorüber sind, kann es schwer für uns sein, eine Aufgabe zu finden, die uns beständig anspornt, motiviert und uns Freude bereitet. Die uns antreibt weiterzumachen.

Die »besten Jahre« werden zu einem Kreuz, das wir mit uns herumschleppen. Eine überlebensgroße Erinnerung, in der wir unser Dasein fristen. Wir verbringen unsere Zeit im Schatten dieses großen Gebäudes, das wir in unseren »besten Jahren« erbaut haben, das voll ist mit vergangenen Erfolgen und zu dem wir keinen Zutritt mehr haben.

Wir fristen unser Dasein damit, durch die Fenster zu spähen und Eindrücke von dem zu erhaschen, was einst gewesen ist.

Das hätte auch uns, Mario Basler und Markus Babbel, passieren können. Wir haben dich in diesem Buch zu entscheidenden Stationen unseres Lebens mitgenommen, um dir zu zeigen, warum das nicht passiert ist. Und was du vielleicht aus unseren Erfahrungen lernen kannst, damit du kein Gefangener der »besten Jahre« wirst.

Was du brauchst, ist ein neues Haus. Oder eine Wohnung, womöglich kleiner, aber auf deine Bedürfnisse ausgerichtet. Du musst wieder anfangen zu bauen und einzurichten. Dabei fängst du nicht mehr bei null an, sondern kannst all die Erfahrungen und Erlebnisse nutzen, die du in deinen »besten Jahren« gesammelt hast. Denn dafür sind die besten Jahre wirklich da: um uns prägende Momente zu vermitteln, die uns als Menschen bereichern und weiterbringen. Und nicht, um zu einer Sammlung glorreicher Momente zu verkommen, die wir bis ans Ende unseres Lebens wehmütig vor Augen haben. Die besten Jahre können uns als Anleitung dienen, wie wir ein glückliches und zufriedenes Leben führen können.

Indem wir lernen, mit Niederlagen umzugehen. Wie wir es mussten, als wir den größten Triumph in dieser denkwürdigen spanischen Nacht in letzter Sekunde aus der Hand gaben. Und die folgende Nacht trotzdem, oder gerade deswegen, zur größten Party der Bayern-Geschichte wurde.

Indem wir ehrlich zu uns selbst sind und nichts beschönigen oder verklären. Wie wir das sein mussten, als wir merkten, dass unsere Zeit als Profifußballer zu Ende

ging. Wir mussten lernen, mit dem Unvermeidlichen umzugehen, es zu akzeptieren und nach neuen Herausforderungen zu suchen.

In den besten Jahren können wir lernen, uns in den Dienst einer Aufgabe zu stellen. Wie wir das beim FC Bayern lernten, um aus den hochveranlagten Individuen eine Mannschaft zu formen, die Meister werden konnte. Als Markus in Stuttgart sein Ego hintanstellte und das Angebot von Armin Veh akzeptierte, als Bindeglied zwischen Trainer und Spieler zu fungieren. Oder als Mario in Kaiserslautern jegliche Allüren hinter sich ließ und für die Mannschaft in die Bresche sprang, um den Abstieg zu verhindern.

Jedes Jahr zu unserem besten machen können wir, wenn wir lernen, mit Veränderungen umzugehen, sie als etwas Positives, Wichtiges zu begreifen. Manchmal bedeutet das, Veränderungen herauszufordern, sie aktiv zu suchen, so wie wir das in Katar und in Australien taten. Aber Veränderungen liegen nicht immer zwölf Flugstunden entfernt, meist reicht es schon, die Augen vor der eigenen Haustür offen zu halten.

Zuletzt müssen wir offen bleiben für das Neue, müssen mutig bleiben und Abenteuer wagen. Und lernen, mit Augenzwinkern auf die Erfolge unserer »besten Jahre« zurückzublicken, sie ehrlich und ungeschönt zu betrachten und aus ihnen Lehren zu ziehen. Dann wird es uns gelingen, neue Seiten unserer Persönlichkeit zu entdecken, neue Kapitel im Buch des Lebens aufzuschlagen.

Das Schönste: Wir werden uns dabei selbst immer wieder überraschen.

Wie bei jedem Abenteuer weißt du auch bei diesem nicht genau, welche Hindernisse dir entlang des Wegs begegnen werden und was genau dich am Ziel erwarten wird. Das wissen auch wir nicht. Wer weiß, vielleicht wird Mario noch mal eine Karriere als Golfer starten oder Markus bei einem Iron Man teilnehmen (ungefähr so ist die Sportlichkeit verteilt).

Was es auch sein wird, wir freuen uns darauf. Denn wir haben gelernt, dass jedes Jahr unser bestes sein kann. Ganz ohne Anführungszeichen.